## BIBLIOTHÈQUE DES ROMANS

ROMANS, CONTES, NOUVELLES ET VOYAGES

**50** CENTIMES

**60** CENTIMES pour la province

# UNE AVENTURE GALANTE

PAR XAVIER DE MONTÉPIN

LÉCRIVAIN ET TOUBON, LIBRAIRES

5, RUE DU PONT-DE-LODI, 5

PARIS — 1860

# UNE
# AVENTURE GALANTE

### PAR XAVIER DE MONTÉPIN.

---

## CHAPITRE PREMIER.

**Suzette et Baliveau.**

Depuis Pharamond, le premier des Mérovingiens, jusqu'à Louis-Philippe, le roi citoyen, aucun règne de notre histoire n'a été exploité par les faiseurs de romans et de vaudevilles avec autant d'acharnement que celui de Sa Majesté le roi Louis, quinzième du nom, surnommé le *Bien-Aimé* par son bon peuple, sans doute par antiphrase, de même que les anciens appelaient les *furies*, EUMÉNIDES (divinités bienfaisantes).

Nulle époque, en effet, ne prêtait mieux à la fantaisie galante, et parfois un peu libertine, des aligneurs de phrases et des rimeurs de couplets.

Louis XV formait en quelque sorte, par son règne, l'épilogue de la régence ; il était le roi des petits soupers, du Parc-aux-Cerfs, du Palais-Royal, des rapports de police d'une originalité scandaleuse ; il était l'amant couronné de la Pompadour et de la Dubarry ; il était le voluptueux le plus raffiné et le débauché le plus spirituel de son royaume et de son époque.

Et puis, de quelle façon charmante ces mœurs faciles et licencieuses de la cour et de la ville prêtaient à l'intrigue, à l'anecdote, à la personnalité, au mot piquant !

Grandes dames et grisettes, gentilshommes et gardes-françaises, rapprochés par des amours qui ne calculaient pas les distances et qui nivelaient tous les rangs, vivaient dans un pêle-mêle excentrique et drôlatique.

Parfois le menuet de la cour s'achevait aux Porcherons, et Septimanie d'Egmont, la fille du duc de Richelieu, trouvait de nombreuses plagiaires de ses tendres et célèbres folies.

Oui, ce siècle poudré, pailleté, vêtu de velours, de brocart et de dentelles ; ce siècle parfumé d'ambre, ce siècle qui produisit, dans les arts Watteau et Boucher, et Crébillon fils dans la littérature ; ce siècle, coquet, fripon comme un petit abbé courant en bonne fortune, devait, ainsi que cela est arrivé en effet, séduire les plumes frivoles et les esprits légers.

Nous venons aujourd'hui, nous qui comptons parmi les plus frivoles, lui faire un nouvel emprunt, et nous nous souhaitons, en commençant ce récit, l'heureuse chance de nos devanciers.

C'était un fort joli petit hameau que le hameau de Brunetières, situé en Bourgogne, à quinze ou vingt lieues de Dijon, et sur la route de Paris à cette dernière ville.

Sa position, tout à la fois riante et pittoresque, présentait des avantages qu'on aurait pu rencontrer difficilement ailleurs. Les cent cinquante ou deux cents maisonnettes qui composaient cet humble village s'élevaient au fond d'une petite vallée fraîche et ombreuse, arrosée par un ruisseau limpide, dont les eaux transparentes et rapides, abritées par des saules aux feuillages flottants comme des cheveux de femme, fournissaient en abondance des truites délicates et des écrevisses d'une grosseur surprenante.

Chaque chaumière avait son petit jardin, enclos par une haie verdoyante d'églantiers ou d'aubépines ; et, devant chaque porte, s'élevait un tilleul centenaire ou un poirier de taille gigantesque.

Du haut des collines qui dominaient le vallon dont il s'agit, le village de Brunetières ressemblait à un nid d'oiseau caché à demi dans une touffe de verdure.

Les heureux habitants de ce coin de terre béni du ciel n'avaient cependant rien de pastoral ni de bucolique.

C'étaient tout bonnement des vignerons et des laboureurs bourguignons, hâlés de teint et rudes d'allures, ni plus ni moins grossiers que leurs confrères les Francs-Comtois, les Normands et les Picards.

Toute la semaine, ils s'occupaient de leurs vignes, de leurs prés, de leurs champs.

Le dimanche, garçons et filles dansaient lourdement, aux accords douteux d'un flageolet criard et d'un violon fêlé, sur la grande place du village, si c'était en été ; dans une grange à moitié close, si c'était en hiver.

Tandis que la jeunesse cultivait ainsi des divertissements chorégraphiques et amoureux (car il est digne de remarque que rien ne dispose plus à l'amour que le *rigodon* et la *queue du chat*), les grands parents se livraient, avec non moins d'ardeur, à des plaisirs d'un autre genre.

Les femmes, réunies en une sorte de club malfaisant, y élaboraient tout un arsenal de médisances et de cancans.

Les hommes, la trogne enluminée (en véritables et fervents adorateurs de la *dive bouteille*) et les coudes sur la table, sablaient consciencieusement le vin nouveau du père Bazu, l'aubergiste du *Soleil d'or*.

Il fallait le voir, le dimanche, ce digne père Bazu, au milieu des buveurs qui faisaient fête à son cellier ; il fallait le voir, vêtu de son bel habit de bouracan, et coiffé d'un majestueux bonnet de coton aux raies de sept couleurs ; il fallait le voir avec sa large face joyeuse et souriante, son ventre rebondi, que soulevaient les éclats presque continus d'un rire homérique, ses cuisses courtes et rondes dans sa culotte de futaine, ses mollets ronds et nerveux dans ses bas bleus drapés.

Il allait, venait, roulant, marchant, sautillant, apportant à celui-ci un broc de vin, donnant à celui-là une tape amicale, échangeant avec tous de lourdes plaisanteries et des propos demi-grivois qui le devenaient souvent tout à fait, quand la présence de sa fille Suzette n'obligeait point Bazu à imposer silence, d'un coup d'œil ou d'un geste, aux buveurs trop lancés.

Suzette, hâtons-nous de le dire, était la plus jolie fille de tout le pays, — et même à Paris, la ville des grisettes exquises, elle eût semblé mignonne et gentille.

Figurez-vous une charmante et coquette petite créature, à la taille en fuseau, mince à tenir dans les dix doigts, et cependant avec un corsage bien fourni et des hanches développées ; figurez-vous une figure ronde et rose, des cheveux noirs d'une prodigieuse abondance, relevés d'une façon gracieuse et tournés sur les tempes en accroche-cœurs conquérants, des sourcils noirs qu'on eût dits tracés au pinceau, des yeux noirs étincelants d'une malice naïve, des lèvres qui ressemblaient pour la nuance à des cerises mûres, des dents petites et comparables à celles d'un jeune chien ; ajoutez à tout cela une main de duchesse, un pied long, mince et cambré, une jambe fine dans un bas rouge, et de petits souliers à talons chaussant un pied d'enfant.

Ajoutez encore le petit chapeau bourguignon, le caraco de toile peinte à basques relevées, le jupon court à ramages, et vous n'aurez encore qu'une idée imparfaite de la séduisante villageoise.

Telle que nous venons de la décrire, on comprend sans peine qu'elle devait faire de terribles ravages dans les cœurs de ses jeunes compatriotes.

Elle en produisait, en effet, et de si nombreux, qu'il n'y avait guère de garçons à Brunetières, et même dans un rayon de deux ou trois lieues à la ronde, qui ne brûlassent un peu d'encens amoureux aux pieds de Suzette Bazu.

Mais, elle, elle se riait de tous ces incendies qu'elle avait allumés et qu'elle seule pouvait éteindre, disait-on.

Elle se moquait des soupirs et des désirs qui l'accompagnaient partout et lui faisaient une escorte, lorsqu'elle passait gracieuse et légère.

Enfin, elle ne pouvait écouter une déclaration, si galants et si alambiqués qu'en fussent les termes, sans rire, dès la troisième phrase, au nez de celui qui la lui faisait.

D'où venait une insensibilité si complète et si peu naturelle à dix-huit ans? car, enfin, les paysannes bourguignonnes n'ont jamais passé et ne passeront probablement jamais pour des tigresses.

Cette insensibilité venait tout simplement de ce que Suzette avait, depuis longtemps, donné son cœur.

— Quoi!... Suzette aimait?
— Mon Dieu, oui.
— Et qui donc?...
— Baliveau.
— Baliveau, dites-vous? Qu'est-ce que c'était que Baliveau?...
— Un personnage fort intéressant, que nous allons avoir l'honneur de vous présenter à l'instant même.

Baliveau remplissait dans l'auberge du *Soleil d'or* les très-humbles fonctions de premier et unique serviteur du père Bazu, aux appointements de *zéro* par mois.

Baliveau n'avait pas un sou.

Baliveau était long, maigre, dégingandé. Son nom, qui n'était qu'un sobriquet, indiquait assez la ressemblance du pauvre garçon avec ces jeunes arbres, menus et flexibles, qui balancent au-dessus des taillis leurs corps menus et dépourvus de branches.

Baliveau avait vingt et un ans.

Son visage était laid et eût semblé bête sans l'expression de bonhomie expansive et parfois un peu mélancolique qu'on remarquait dans le regard de ses gros yeux.

Baliveau était si gauche et si maladroit que sa gaucherie et sa maladresse étaient devenues proverbiales.

Ses cheveux incolores s'échappaient en mèches plates de dessous son bonnet de coton bleu.

Ses mains, longues et noueuses, sortaient, jusque par-delà le poignet, des manches élimées de sa veste trop courte.

Ses culottes étroites étaient démesurément trop larges pour ses cuisses exiguës, et ses jambes sans mollets ressemblaient à celles d'un cerf, dont elles avaient l'agilité.

Quant à ses pieds, ils étaient de dimensions telles que Baliveau, soutenu par eux, aurait pu, sans métaphore, dormir debout pendant toute une nuit et ne point risquer une chute.

Voilà pour le physique.

Nous apprécierons le moral de Baliveau quand le moment en sera venu.

Comment donc se pouvait-il faire que la plus belle fille du pays en aimât le garçon le plus pauvre, le plus laid, et, sans doute, le moins prédestiné à inspirer un sentiment tendre?

Cela tenait à une foule de considérations dont voici quelques-unes :

Baliveau était un pauvre orphelin dont la première enfance avait été abandonnée à la charité publique des habitants de Brunetières et des villages voisins.

Le premier pain qu'il eût mangé avait donc été pour lui amer et trempé de larmes.

Huit ans avant l'époque où commence notre histoire, le père Bazu possédait un chien qui tournait la broche avec zèle et intelligence.

Ce chien mourut.

Pour le remplacer, Bazu prit à son service Baliveau, alors âgé de douze ou treize ans, et lui donna les fonctions de tourne-broche, fonctions dont il s'acquitta moins bien que le chien, mais cependant d'une façon passable.

Baliveau grandit ainsi, à la fumée des rôtis qu'il ne dévorait que des yeux, et qui, par conséquent, ne l'engraissaient guère.

Il servait de souffre-douleur à tout le monde, et particulièrement à Suzette, qui, toute petite enfant qu'elle était, trouvait à tourmenter le jeune marmiton le plaisir cruel qui faisait dire à La Fontaine, en parlant de l'enfance :

Cet âge est sans pitié!...

Baliveau, lui, se laissait faire avec la docilité d'un pauvre chien fidèle qui souffre tout de son maître : injustices et mauvais traitements.

Il y a plus : le jeune garçon éprouvait un bonheur étrange à se plier à tous les caprices, à toutes les exigences, à toutes les taquineries de Suzette.

Il souffrait *par elle*, et cette souffrance lui semblait un plaisir.

Il ressentait à l'endroit de Suzette une tendresse infinie et qui s'ignorait elle-même, quelque chose de pareil à l'affection, au dévouement et à la fidélité du caniche.

La jeune fille, en grandissant, comprit par instinct cette tendresse et ce dévouement.

Elle éprouva de la pitié pour ce pauvre garçon que chacun se croyait le droit de railler, et l'on dit que, de la pitié à l'amour, dans le cœur de certaines femmes, il y a souvent bien près.

Si Baliveau était venu dire à Suzette :
— Je vous aime!...

Elle se fût irritée d'une pareille audace, et elle aurait repoussé dédaigneusement cet intempestif et ridicule adorateur.

Mais, bien loin d'oser parler, Baliveau, nous l'affirmons, ne savait même pas qu'il aimait.

Et Suzette se sentait touchée plus profondément chaque jour de cet amour si humble et si soumis.

---

## CHAPITRE II.

### Un aubergiste gai.

Ce n'est pas tout encore.

Si naïve et si innocente que fût Suzette, elle était de ce dix-huitième siècle où l'air que respiraient les jeunes filles développait dans leurs cœurs des instincts de coquetterie qui prenaient tout d'abord des proportions inaccoutumées, comme les fleurs des champs grandissent sous l'action vivifiante de l'atmosphère d'une serre chaude.

Sans trop savoir pourquoi, Suzette s'était dit que la femme dont Baliveau deviendrait le mari serait reine dans son ménage et ne rencontrerait jamais d'obstacles vis-à-vis de ses plaisirs, ni même de ses fantaisies, si loin qu'elle voulût les pousser.

Hâtons-nous d'ajouter que Suzette ne soupçonnait pas le moins du monde jusqu'où pourraient la conduire plus tard ce mot *plaisir* et ce mot *fantaisie*.

Un beau jour, Baliveau faillit devenir fou de joie :

Il venait de s'apercevoir, en même temps, qu'il aimait et qu'il était aimé.

Cette clairvoyance, on le devine, était due à Suzette, qui n'avait rien négligé pour porter la lumière dans ce cœur tendre et ingénu.

La certitude de son bonheur n'eut d'ailleurs pour Baliveau qu'un seul résultat :

Ce fut de redoubler sa gaucherie et son apparente stupidité.

Son amoureuse préoccupation devint si grande, que le nombre des assiettes de faïence qu'il cassait quotidiennement doubla comme par enchantement.

Mais, à chaque assiette cassée en son honneur, Suzette lui adressait un sourire, et la main de Baliveau devenait de plus en plus malheureuse.

Les buffets et les dressoirs de l'auberge du *Soleil d'or* se dégarnissaient que c'était miracle !...

Bazu voulait gronder.

Mais, le moyen ?...

Suzette n'était-elle point la maîtresse au logis, et quand elle avait dit : *C'est bien !* comment son père aurait-il eu l'aplomb de s'écrier : *C'est mal !...*

C'est que Bazu adorait sa fille et lui avait laissé prendre sur lui un empire dont elle abusait en véritable petit tyran.

Suzette était fille unique et elle rappelait à son père la grâce et la beauté de la femme qu'il avait perdue, car madame Bazu n'avait survécu que quelques heures à la naissance de Suzette.

Aussi cette dernière savait à merveille que, s'il lui convenait de dire à son père :

— Je veux épouser Baliveau !

Bazu ne se permettrait pas même une observation, et lui répondrait :

— Epouse !

Elle filait donc le parfait amour avec une quiétude exempte de tout nuage et de tout souci pour l'avenir.

Si nos lecteurs se reportent à la description que nous avons faite un peu plus haut de Nicolas Bazu, s'ils se rappellent sa mine joyeuse et les éclats de son rire bruyant et continu, ils doivent supposer que le digne aubergiste était un de ces heureux compagnons auxquels toute chose réussit, et qui nombrent chacun de leurs jours par autant de prospérités.

Bon Dieu !... quelle erreur ils commettraient en croyant cela !...

Bazu riait beaucoup, c'est vrai ; mais c'est qu'il avait reçu du ciel, à défaut d'autres biens, un fonds de gaieté inépuisable et une forte dose d'inaltérable philosophie.

La bonne humeur de l'aubergiste était à l'épreuve des revers, et Dieu sait que les revers ne lui manquaient pas.

D'abord, Bazu n'était point riche.

Sa petite auberge du *Soleil d'or*, si jolie et si bien située ; il la tenait à bail du marquis Raoul de Fontenailles, qu'il ne connaissait point, mais dont l'intendant, homme dur et rapace, lui faisait payer chaque année avec une exactitude implacable la lourde somme de huit cents livres quatre sous six deniers.

Ce marquis Raoul de Fontenailles, très-bon gentilhomme bourguignon, et l'un des plus riches propriétaires de toute la province, était d'ailleurs un singulier original, disons-le en passant.

Nous ne tarderons pas beaucoup à nous occuper de lui.

Revenons à Bazu.

Il était sans exemple que quelque chose eût réussi au pauvre aubergiste.

La grêle et la gelée ne manquaient jamais de ravager ses vignes, tout en épargnant celles de ses voisins.

Ses moutons mouraient de la clavelée.

Son vin s'aigrissait dans le cellier.

Ses pratiques ne le payaient point.

Bref, il travaillait depuis le 1ᵉʳ janvier jusqu'à la Saint-Sylvestre, et il ne parvenait qu'à grand'peine à joindre les deux bouts.

Un autre se serait désespéré.

Lui prenait gaiement son parti, et il accueillait en riant chaque nouvelle calamité.

Et maintenant que nous avons fait connaître sommairement à nos lecteurs quelques-uns des personnages que nous nous proposons de mettre en scène, entrons sans plus de préambules dans le vif de notre récit.

§

Dix heures du matin sonnaient au *coucou* rustique enfermé dans une longue gaine de bois peint, qui servait d'ornement à la principale pièce du rez-de-chaussée de l'auberge.

La matinée était magnifique.

Des myriades de petits oiseaux fredonnaient leurs plus joyeuses chansons, nichés dans les feuilles vertes et touffues des grands poiriers qui ombrageaient le jardin de la maisonnette.

Le *blond Phébus* (comme on disait à cette époque) dardait ses plus chauds rayons d'automne sur la terre attiédie, et faisait étinceler d'un éclat merveilleux les rayons de fer-blanc qui formaient l'auréole de son portrait peu ressemblant, figuré par un artiste indigène pour l'enseigne du *Soleil d'or*.

Sur un banc de pierre adossé à l'une des murailles de la cour intérieure, Suzette était assise, la mine allongée et les yeux gros de pleurs.

En face d'elle, se tenait debout Baliveau, la regardant avec l'expression d'un désespoir comique et s'envoyant de temps en temps à la dérobée un grand coup de poing dans la tête.

Au fond, passait et repassait Bazu, les mains dans ses poches, l'air insouciant, mais moins tranquille peut-être au fond qu'il n'affectait de le paraître.

C'est qu'en effet la situation était critique.

Nous allons la connaître.

Suzette poussa un gros soupir.

Baliveau fit deux pas en avant, et s'approcha d'elle.

— Mamz'elle... dit-il.

La jeune fille releva la tête.

— Qu'est-ce que tu veux ? lui demanda-t-elle.

— Je veux savoir pourquoi que vous pleurez, et pourquoi que vous vous désolez comme ça ?

— Parce que j'ai du chagrin.

— Pardine ! ça va sans dire. Mais pourquoi que vous en avez, du chagrin ?

— Parce que dans deux heures, à midi sonnant, le receveur des gabelles fera vendre aux enchères les moutons de mon père.

— Oh ! s'écria Baliveau, ça ne se peut pas !

— Hélas! murmura Suzette, il paraît que ça se peut, au contraire...

Baliveau fit une pantomime énergique qui tendait à exprimer son indignation et son chagrin.

Suzette poursuivit :

— Et qu'est-ce que nous allons devenir, je te le demande un peu? Nous qui comptions sur le produit du troupeau pour payer, dans trois mois, le loyer de l'auberge à l'intendant de M. le marquis!... et voilà qu'on va vendre les moutons, et que nous allons rester sans ressources!

— Mais, demanda Baliveau, le receveur des gabelles a donc le droit?...

— Ces gens-là ont toujours le droit... quand on leur doit de l'argent.

— Et votre père leur en doit?

— Sans doute.

— Comment donc ça?

— Il a laissé accumuler les taxes, sans pouvoir les payer, et ça forme aujourd'hui un total de près de vingt écus.

Baliveau recula, comme épouvanté par l'énormité de la somme.

— Vingt écus! s'écria-t-il, ah! bon Dieu!

Un sanglot s'échappa des lèvres de Suzette.

— Vingt écus! reprit Baliveau, où les trouver?

— Oui, répéta la jeune fille, où les trouver?

— Ah! si je les avais!

— Mais, tu ne les as pas... Aussi il n'y a point d'espoir!

Baliveau baissa la tête et laissa tomber ses grands bras de chaque côté de son corps long et maigre.

Il ressemblait à la statue grotesque de l'Anéantissement et de la Douleur.

— Et plus que deux heures devant nous! murmura Suzette..

Baliveau ouvrait la bouche pour répondre quelque chose. Mais il se tut, car en ce moment Bazu s'approchait de Suzette et de lui.

Le jeune homme ôta vivement son bonnet de coton bleu.

— Baliveau, lui dit l'aubergiste, au lieu de rester là, les bras ballants, comme un grand imbécile, tu ferais mieux de courir chez toutes les pratiques qui nous doivent de l'argent, et de tâcher d'en rapporter quelque chose.

— J'y cours, répondit Baliveau en prenant son élan.

Et deux enjambées gigantesques le portèrent hors de la cour.

Bazu prit Suzette par le menton, et la forçant à soulever son gracieux visage, attristé et baigné de larmes, il s'écria :

— Allons, petite fille, qu'est-ce que ça signifie de se désoler comme ça?... On va vendre les moutons! eh bien! après, où est le mal?... Tu verras que tout ira pour le mieux : le collecteur sera payé, et il me restera bien encore de quoi t'acheter un beau déshabillé des dimanches en taffetas gorge-de-pigeon... Quant au loyer, nous avons trois mois devant nous, et, pendant trois mois, il passera bien de l'eau sous le pont!... Allons, petite, allons, de la gaieté!...

Suzette ne répondit que par un soupir.

Cependant Baliveau était lancé.

Il allait comme un cheval de course, ou, mieux encore, comme une locomotive poussée à toute vapeur.

Son élan augmentait de minute en minute.

Il ouvrait avec une impétuosité croissante le gigantesque compas de ses jambes démesurées, pourvues de nerfs d'acier et de muscles d'airain.

Il soulevait sur son passage des tourbillons de poussière, et il dévorait l'espace, ne s'arrêtant, tout hors d'haleine, qu'à la porte des débiteurs de Nicolas Bazu.

Ces stations étaient nombreuses, d'ailleurs, mais elles n'étaient pas longues.

Chacun des clients de l'aubergiste se montrait rempli de bonne volonté, mais absolument dépourvu d'argent.

Tous promettaient un prochain *à-compte*, mais aucun ne donnait un sou.

Baliveau acheva sa tournée, ainsi qu'il l'avait commencée, la poche vide.

Moins d'une heure lui avait suffi pour ces démarches sans résultat, et il reprit, tête baissée et d'une allure beaucoup plus modeste, le chemin de l'hôtellerie.

A mesure qu'il en approchait, son pas se ralentissait insensiblement.

Il allait avoir à rendre compte de sa déconvenue à Suzette, et cette perspective ne lui souriait point.

Enfin il arriva sur la grande place du village, à une portée de fusil environ de l'auberge du *Soleil d'or*.

Là, il s'arrêta.

Un spectacle inusité et frappant attirait ses regards.

## CHAPITRE III.

#### Le sergent La Ramée.

Au beau milieu de la place, et sous un tilleul deux fois centenaire, s'élevait une sorte de théâtre improvisé, formé de quelques planches posées sur des tréteaux.

Sur ce théâtre se tenait debout, gesticulant et paradant, un individu de haute taille qu'au premier abord on devait prendre pour un saltimbanque.

Ce personnage, vêtu d'un éclatant uniforme, dans les couleurs duquel le rouge et l'or dominaient, de façon à attirer tous les regards, portait un chapeau lampion galonné, tellement penché vers l'oreille, qu'il ne semblait tenir sur la tête que par un véritable prodige d'équilibre.

Sa moustache noire et touffue se relevait en crocs menaçants aux deux coins de ses lèvres minces.

Il était pourvu d'une longue rapière dont le fourreau battait fièrement ses mollets nerveux, enfermés dans des guêtres noires qui venaient rejoindre au-dessus du genou sa culotte de drap blanc.

Enfin, une perruque à petits boudins poudrés encadrait le haut de son visage anguleux et basané.

A droite et à gauche du théâtre, il y avait d'autres personnages, au nombre de quatre, dont deux portaient un uniforme pareil à celui que nous venons de décrire, et dont les deux autres, revêtus de tuniques écarlates galonnées d'argent, tenaient, l'un un tambour, l'autre un fifre, dont ils paraissaient se disposer à faire usage.

Ces hommes, cependant, n'étaient point, ainsi qu'ils en avaient l'air, des charlatans ou des marchands de vulnéraires et de topiques merveilleux.

Ils appartenaient à cette classe d'individus que les écrivains de l'époque appellent à bon droit *vendeurs de chair humaine*, *racoleurs* ou *recruteurs*, qui achetaient et revendaient publiquement des hommes, plus ou moins cher, selon leur taille ou la force de leurs muscles.

Ce trafic, grotesque autant qu'ignoble et brutal, était autorisé par le gouvernement, qui y trouvait son intérêt.

Il fallait se procurer des troupes pour peupler et défendre les colonies nouvellement acquises à la France.

Or, comme les enrôlements réguliers pour ces pays lointains étaient rares et difficiles, on avait recours à la ruse, et souvent à la violence.

C'était à Paris surtout, sur le quai qui s'étend depuis le pont Neuf jusqu'auprès du Grand-Châtelet, et dans les innombrables cabarets et mauvais lieux des environs, que se tenaient de préférence les racoleurs.

Ils se promenaient fièrement, la mine altière, la tête haute, le poing sur la hanche, appelant tout haut les jeunes gens qui passaient, et les engageant, par tous les moyens de séduction imaginables, à les suivre dans les pays dont ils leur faisaient de pompeuses descriptions.

Quelques-uns avaient des boutiques, ou plutôt des cabanes en toile, comme celles des bateleurs que nous voyons aux Champs-Élysées, les jours de réjouissance publique.

Au-dessus de la porte flottait un drapeau armorié, et deux ou trois musiciens rassemblaient la foule au bruit criard de leurs instruments.

Mercier, dans son *Tableau de Paris*, dit avoir vu, sur l'une de ces boutiques, ce vers de la *Mérope* de Voltaire, écrit en grosses lettres, comme appeau :

Le premier qui fut roi fut un soldat heureux.

Du matin au soir les spectateurs se pressaient à l'envi pour entendre le soldat racoleur.

Ce public se composait, pour la plupart, de jeunes gens ignorants et curieux, qui supportaient impatiemment l'autorité de la famille.

Ou bien encore des ouvriers trop pauvres pour acheter des maîtrises, c'est-à-dire le droit d'exercer leur industrie.

Le sergent, d'un accent et d'un geste persuasifs, leur débitait mille fariboles avec une aisance et une volubilité admirables, et ses auditeurs, ébahis, étourdis de son éloquence, se regardaient entre eux, ne pouvant croire qu'on voulût les tromper tout à fait *au nom du roi*.

Malheur alors à celui dont la figure épanouie, attentive à l'annonce de tous ces beaux contes, trahissait sa crédulité.

Les sergents s'emparaient de la victime.

Ils la circonvenaient.

Ils l'entraînaient dans leurs réduits appelés *fours*, ou dans quelque cabaret voisin.

Là, les joyeux propos, les promesses dorées et le délire de l'orgie achevaient ce que la fraude et le mensonge avaient si bien commencé.

Là se trouvait un repas tout servi.

Des broches appétissantes tournaient des rôtis cuits à point.

Des flacons pétillants n'attendaient que le moment d'envoyer au plafond leurs bouchons.

De belles filles, que l'époque, dans son langage expressif et coloré, osait appeler des *gourgandines*, étalaient leurs joues fardées, leurs sourires lascifs et leurs bras prêts aux embrassements.

Aucune séduction ne manquait, comme on voit.

L'engagement était là aussi.

Il était là, bien caché, comme le serpent sous les fleurs, et, à la suite d'un dîner plus que copieux, il était signé de gré ou de force.

Oui, de force, car au besoin on faisait luire les lames des rapières à travers les fumées du vin, et le lendemain le malheureux jeune homme se réveillait avec la triste perspective de l'exil et de la maigre pitance du régiment.

« Autrefois, dit Mercier, que nous citons encore, les racoleurs battaient, violentaient les jeunes gens qu'ils avaient surpris par force ou par adresse, afin de leur arracher un engagement. On a supprimé cet abus monstrueux, mais on leur permet d'user de ruse et de supercherie pour enrôler *la canaille*. »

Malheureusement ce n'était pas toujours *la canaille* qui partait.

Plus d'une fois on vit des gens nobles ou riches se débarrasser, par cette ignoble et misérable voie, de ceux dont ils avaient ou dont ils croyaient avoir à se plaindre.

Ces abus n'ont pas existé seulement en France.

Nous les retrouvons dans une vieille comédie anglaise de Farquhar, intitulée *L'Officier de recrutement*.

Walter Scott, dans les *Chroniques de Canongate*, nous montre l'un de ses héros, Richard Middlemas, enrôlé par la trahison d'un prétendu ami, et transporté par force aux Grandes-Indes.

Au reste, dans les différents pays, les fourberies et les jongleries des racoleurs étaient à peu près les mêmes.

Argent, plaisirs, honneurs, ils promettaient tout.

Ils attiraient la foule ; ils faisaient résonner des sacs gonflés d'écus de six livres en criant :

— Qui en veut ?... qui en veut ?...

Dans les campagnes, surtout la veille du mardi gras et de la Saint-Martin, ils promenaient dans les rues et sur les places de longues perches surchargées de dindons, de poulets, de cailles, de levrauts, et, chemin faisant, ils invitaient les passants et excitaient de la sorte les appétits des pauvres diables qui n'avaient peut-être jamais fait un bon repas de leur vie, et qui, dans un moment d'égarement, troquaient leur liberté contre quelques heures de jouissances.

C'est de cette façon, disait ironiquement un auteur contemporain, témoin de toutes ces scènes ; c'est de cette façon qu'on venait à bout de compléter une armée de héros, destinée à devenir la gloire de l'État et à rehausser celle du monarque.

*
* *

Nos lecteurs savent maintenant d'une façon surabondante à quelle espèce d'hommes appartenait le personnage dont le luxueux costume et le bruyant entourage avaient forcé Baliveau de s'arrêter, ébahi et muet de surprise.

Une vingtaine de villageois, dont les yeux largement ouverts et la bouche béante exprimaient l'admiration et la stupeur, entouraient les tréteaux du racoleur.

L'amoureux de Suzette fit quelques pas pour se rapprocher de ce groupe.

A ce moment précis, et sur un signe du sergent, un roulement de tambour fut exécuté, et le fifre joua une marche guerrière.

Puis le silence se rétablit; le racoleur frisa sa moustache, se cambra, le poing sur la hanche, et s'écria d'une voix saccadée et emphatique, et avec un accent gascon des plus prononcés :

« — Estimables villageois, jeunes hommes champêtres et naïfs, qui faites l'ornement des champs de Cérès, en attendant que vous cultiviez ceux de Mars, et qui récoltez des carottes et des navets, jusqu'au moment où vous recueillerez des lauriers, écoutez-moi, s'il vous plaît, z'avec touté l'attention qué réclame la gravité des matières qué jé vais mettre sous vos regards.

» Rustiques et intéressants cultivateurs, jé viens ici, *par l'autorisation dé Sa Majesté Louis XV* (ici le racoleur fit le salut militaire), jé viens ici, dis-je, par l'autorisation de notre précieux monarque, pour révéler à ses sujets les avantages véritablement inestimables qu'il daigne leur faire, en les admettant à s'enrôler dans les troupes d'élite qui vont incessamment partir pour les colonies.

» Ce sont ces avantages dont jé vais avoir *celui* de vous énumérer ici quelques-uns...

» Jeunes hommes qui m'entourez, paysans, villageois, cultivateurs, vous n'êtes pas sans avoir entendu parler du pays dé *Cocagne* ?...

» En avez-vous entendu parler dé cé beau pays ?...

» Oui, n'est-cé pas ?...

» Voilà qui est au mieux !...

» Eh bien ! c'est dans l'Inde qu'il faut aller pour trouver cette contrée fortunée !

» C'est là que l'on a dé tout à gogo !...

» Souhaitez-vous dé l'or ?

» Voulez-vous des perles ?

» Désirez-vous des diamants ?

» Parlez, messieurs, faîtes-vous servir !...

» Les chémins en sont pavés.

» Il n'y a qu'à sé baisser pour les prendre...

» Et encore né vous baissez-vous pas, les sauvages les ramassent pour vous !...

» Jé né vous parle pas du café, des limons, des grénades, des oranges, des ananas, et dé millé fruits délicieux qui viennent en plein champ et poussent sans culture dans cé véritable paradis terrestre, comme chez vous les chardons et les orties...

» Non, jé né vous parle point dé tout cela !...

» Si jé m'adressais à des enfants, jé pourrais leur vanter ces friandises, mais jé m'explique devant des hommes... »

Ici le recruteur fit une pause.

Il jeta un regard circulaire sur les spectateurs pressés autour de lui, et dont le nombre augmentait de seconde en seconde.

Ces spectateurs écoutaient de toutes leurs oreilles, et leur ébahissement ne diminuait point; mais ils ne comprenaient guère.

Le sergent frisa de plus belle ses moustaches aiguës.

Il gonfla sa joue gauche avec la pointe de sa langue, et il reprit, en clignant de l'œil :

« — Jeunes villageois, connaissez-vous l'amour ?... »

A cette question saugrenue, les auditeurs du sergent se regardèrent, et un éclat de rire universel éclata bruyamment parmi eux.

« — Jeunes villageois, poursuivit le racoleur, aussi vrai qué jé m'appelle La Ramée, surnommé l'*Invincible*, autrement dit la *Clef-des-cœurs*, jé vois qué vous êtes les favoris de Vénus, déesse *des six-terres* et dé son héritier présomptif, le chevalier dé Cupis-Don !...

» Apprenez donc, héros de la galanterie champêtre, que sous le beau climat où jé vous engage à voler, vous joindrez les myrtes aux lauriers, autant qué vous pourrez le désirer, et même un peu plus...

» Les dames indiennes, qui passent avec raison pour les plus belles femmes du monde connu, sont des créatures aussi grandes qu'un tambour-major revêtu de son panache et taillées en proportion ; des modèles accomplis de perfection physique et de tendresse caressante et flatteuse. Elles se jetteront à votre cou dès votre arrivée, et vous feront les avances les plus agaçantes.

» Et n'allez pas croire, jeunes guerriers, qué vous serez forcés dé choisir, et, une fois votre choix fait, dé vous contenter d'une simple particulière.

» Loin dé là !

» Sous le ciel brûlant de l'Asie, la jalousie est inconnue des femmes !

» Ce n'est pas une seule que vous posséderez, ce seront des douzaines, ce seront des centaines...

» Vous aurez un harem, un sérail, une collection de favorites dont l'unique occupation sera dé vous charmer par les divertissements dé l'amour. »

La Ramée s'interrompit.

Ses auditeurs se regardèrent de nouveau, et éclatèrent de rire de plus belle.

Le sergent continua :

« — Fils de famille, dit-il, je n'ignore pas les efforts que font ordinairement les parents pour détourner les jeunes gens dé la voie qui doit les conduire à la fortune !...

» Ils sont bien coupables de vous en imposer ainsi, et, rien que d'y penser, quelques larmes perlent dans mon œil ! »

Et La Ramée fit le geste d'essuyer sa paupière clignotante.

Puis il reprit :

« — Soyez plus raisonnables qué les papas, et surtout qué les mamans, qui ne savent pas ce qu'ils disent !...

» Né les écoutez point quand ils vous soutiendront qué les sauvages mangent les Européens à la croque-au-sel ! Ces historiettes étaient peut-être croyables au temps des Christophe Colomb et des Robinson Crusoé, mais aujourd'hui nous avons changé tout cela...

» Le tableau qué tout à l'heure je faisais passer sous vos yeux est le seul exact et le seul véridique dé tous les plaisirs, dé tous les régals, dé toutes les richesses, dé toutes les *volupetés* qui vous attendent dans les Indes, si, comme je n'en doute pas, vous suivez les conseils dictés à mon cœur par l'intérêt qué jé ressens pour vous.

» Mais, allez-vous mé dire, le roi, notre précieux et bien-aimé monarque, qui daigne nous convier à tant de félicités, qué nous démande-t-il en échange dé cette inestimable faveur ?...

» Cé qu'il vous demande, jeunes villageois ?

» Tombez à genoux, et bénissez la grandeur infinie et l'inépuisable générosité dé cé souverain incomparable !...

» Non-seulement il ne vous demande rien, mais encore, c'est à ne pas le croire, en échange de votre engagement volontaire, il vous offre, par mon entremise, une bonne somme d'argent monnayé, en bons écus de trois livres tout neufs, et frappés à l'effigie de sa gracieuse image, comme vous pouvez vous en convaincre sur-le-champ... »

Tout en parlant ainsi et en débitant cette dernière phrase que, sans doute, il réservait pour sa péroraison, le sergent avait fait un signe, et l'un de ses acolytes lui avait passé prestement un sac gonflé de pièces d'argent.

La Ramée secoua ce sac, dont le contenu rendit un son métallique et éclatant.

Ensuite il y plongea la main, et il fit reluire au soleil une quantité d'écus tout neufs.

Les paysans se rapprochaient de plus en plus, et leurs yeux étonnés s'ouvraient démesurément.

## CHAPITRE IV.

### L'engagement.

Mais celui de tous sur lequel les dernières paroles de La Ramée venaient de produire le plus d'effet, était sans contredit Baliveau.

Tout le commencement du discours amphigourique du sergent avait été pour lui lettres closes.

Aucune des séductions étalées si complaisamment par le recruteur n'était parvenue à produire une sensation quelconque sur son imagination, car aucune n'était arrivée jusqu'à son esprit.

Seulement, quand La Ramée avait parlé d'argent offert, et quand le bruit métallique des écus de trois livres avait frappé ses oreilles, Baliveau avait tressailli.

C'est qu'une idée soudaine, aussi spontanée que généreuse, venait de se présenter à lui.

Cette idée, nos lecteurs la devinent sans peine.

C'était de vendre sa liberté, et, avec l'argent de ce sacrifice, de tirer d'embarras Nicolas Basu, le père de sa bien-aimée.

De la pensée à l'exécution d'un pareil projet, il n'y avait pas loin.

Baliveau attendit que le groupe formé autour du sergent se fût dispersé, ce qui ne tarda guère, car aucun des *jeunes villageois* de Brunetières (ainsi que les appelait La Ramée) ne se sentait le désir d'aller conquérir aux Grandes-Indes la gloire et le plaisir.

La Ramée en fut pour ses frais de musique et d'éloquence.

Au bout de trois minutes, il se trouvait isolé sur la place, avec ses compères et ses musiciens.

Baliveau s'était dissimulé prudemment derrière le tronc du gros arbre dont nous avons déjà parlé.

Le racoleur promena un regard désappointé et furibond sur la solitude soudaine qui s'était faite autour de lui.

Il frappa du pied les planches mal jointes posées sur les tréteaux du haut desquels il avait péroré.

D'un geste menaçant il défrisa le côté droit de sa moustache, et il s'écria à deux reprises, avec une énergie formidable :

— Sacrebleu !... sacrebleu !...

Baliveau pensa que le moment était bien choisi pour se présenter.

Il quitta sa retraite, et il s'avança vers le racoleur de l'air le plus cavalier et le plus décidé qu'il lui fut possible de prendre, en disant :

— Me voilà, moi...

— Ah ! te voilà, toi !... répondit le sergent, en toisant de la tête aux pieds ce grand corps dégingandé, eh bien ! qu'est-ce que tu veux, toi, mon petit ?...

— Je veux, murmura Baliveau d'une voix dont le tremblement démentait sa fermeté apparente, je veux servir le roi...

— Tiens !... tiens !... tiens ! s'écria La Ramée avec un ricanement, il y a donc un héros futur dans cette contrée !... et justement, comme ça se trouve !... ça tombe sur le plus beau garçon de l'endroit !... car tu es le plus beau garçon de l'endroit, sais-tu ? répéta le sergent avec une intention de raillerie qui, si évidente qu'elle fût, échappa cependant aux yeux peu clairvoyants de Baliveau.

— N'est-ce pas ?... fit ce dernier.

— Parbleu !...

— Je l'avais déjà entendu dire...

— Rien ne m'étonne moins... les jolies filles du pays doivent te le répéter à satiété...

— Elles me le répéteraient peut-être si j'étais vacant,... mais je ne le suis pas...

— Ah ! le cœur est pris ?...

— Oui, monsieur le militaire...

— Et comment se nomme notre idole ?...

— Suzette.

— Et cette ingrate Suzette ne correspond point à notre flamme !...

— Faites excuse, militaire, elle y correspond, bien au contraire ; nous brûlons l'un pour l'autre, et réciproquement...

— Et, malgré cela, tu veux aller cueillir les lauriers de Mars et de Bellone ?...

— Oui, militaire.

— Tu as donc le diable au corps... j'entends le diable des batailles et de la gloire ! se hâta d'ajouter La Ramée, qui comprit qu'il venait de s'oublier et de dire un mot imprudent.

— A ce qu'il paraît, j'ai ce diable-là, répondit Baliveau.

— Eh bien ! rien n'empêche, mon petit... Nous avons là des engagements tout prêts, tu n'as qu'à en signer un, et ce sera une affaire bâclée !...

Et, tout en parlant, La Ramée tirait d'un grand portefeuille que lui présentait son compère, une large feuille de parchemin estampillée au sceau de France.

Puis il tendait à Baliveau une plume d'oie ébouriffée et mal taillée, et une écritoire de corne, semblable à celles dont se servaient les procureurs et les huissiers pour griffonner en plein vent les exploits de leur ministère.

Mais l'amoureux de Suzette ne prit point la plume qui s'avançait vers lui d'une façon sournoise et cauteleuse.

— Un instant, fit-il.

— Qu'est-ce qu'il y a donc, mon petit ? demanda La Ramée.

— Il y a que tout à l'heure vous avez offert de grosses sommes à ceux qui partiraient avec vous...

— Eh bien ? demanda le sergent, qui feignit de ne point comprendre encore.

— Eh bien! reprit Baliveau en s'armant de tout son courage, il me faut de l'argent...

— On t'en donnera, mon cadet.

— Quand?

— Tout de suite, si tu veux. Nous échangerons les écus contre ta signature au bas de l'engagement.

— Et combien me donnez-vous?

— Combien?

— Oui.

— Cela dépend.

— De quoi?

— D'une foule de circonstances. Voyons, fais ton prix toi-même.

Baliveau hésita.

Ce chiffre de vingt écus qu'il allait avoir à énoncer l'épouvantait, nous le savons, et il ne pouvait se figurer qu'il fût, lui, Baliveau, l'équivalent d'une somme aussi colossale.

— Allons, mon pétit, allons, dépêchons-nous, dit La Ramée. Nous allons voir à quel taux la modestie que je me plais à te supposer te permettra d'estimer ta personne.

Baliveau s'arma de tout son courage.

— Il me faut vingt écus, murmura-t-il.

Le sergent recula d'un pas, et, feignant d'avoir mal entendu, il s'écria :

— Tu dis?...

— Vingt écus, répéta Baliveau d'un ton à peine distinct et en baissant les yeux de l'air le plus humble.

Un gigantesque éclat de rire releva les coins moqueurs de la bouche de La Ramée.

Pendant quelques secondes, lui et ses acolytes parurent en proie au plus violent paroxysme d'une hilarité convulsive.

— Mort de ma vie!... s'écria-t-il ensuite d'une voix sonore entrecoupée et saccadée par les hoquets du rire, ah çà, mais, tu es timbré, mon pétit, tu as la tramontane à l'envers!... Vingt écus!... ventre de biche!... vingt écus!... Je crois, jeune cadet, que tu prends la liberté grande de te moquer des sergents de Sa Majesté!.. jé né sais cé qui mé retient qué jé té coupe les oreilles!...

Baliveau ne répondit rien.

Il était atterré.

La Ramée continua :

— Tu n'as donc jamais promené sur toi-même un regard investigateur et sévère? Tu ne t'es donc jamais rendu justice, villageois que tu es? A coup sûr, tu n'oserais point me demander vingt écus, si tu savais combien tu es laid!...

— Oh! murmura Baliveau scandalisé.

— Regarde-toi donc, mon pauvre garçon, poursuivit le sergent, ton corps est un manche à balai...

— Oh! fit Baliveau pour la seconde fois.

— Tes bras des fuseaux!...

— Oh!

— Tes jambes des échalas!

— Oh!

— Tes mains des épaules de mouton!

— Oh!

— Tes genoux des nœuds de serviette!...

— Oh!

— Enfin, de la plante des pieds à la pointe des cheveux, toute ta personne est vilaine!...

— Oh! oh! oh! s'écria Baliveau cramoisi, et qui commençait à perdre patience, malgré son flegme habituel; il n'y a pas encore quatre instants, militaire, que vous me déclariez le plus beau garçon de l'endroit!

— Ai-je dit cela?

— Vous l'avez dit.

— Eh bien! qu'est-ce que cela prouve? Je prenais la licence, mon pétit, de te complimenter sur ton physique, simple histoire de me réjouir à tes dépens.

— Ah! c'est comme cela! fit Baliveau d'un ton belliqueux.

— Oui, c'est comme cela, mon pétit, répliqua La Ramée en frisant sa moustache d'un air de croque-mitaine.

Baliveau, au lieu de faire le geste de menace auquel on devait s'attendre, tourna sur ses talons.

— Où vas-tu? demanda vivement le sergent.

— Je m'en vais...

La Ramée voyait avec terreur s'échapper de ses mains son unique recrue.

Il comprit qu'il était allé trop loin avec Baliveau, et il résolut de le retenir à tout prix.

— Hé! pétit... lui cria-t-il.

Baliveau avait déjà fait une dizaine de pas.

Il s'arrêta, il tourna la tête et il demanda :

— Qu'est-ce que vous voulez, militaire?

— Ecoute donc un peu par ici...

— Inutile, j'ai affaire ailleurs.

— Nous pourrons peut-être nous entendre...

— Vous croyez? demanda le jeune homme en faisant volte-face et en rétrogradant vivement du côté de son interlocuteur.

— Sans doute.

— Me donnerez-vous ce que je demande?

— Pas tout à fait, mais je t'offre ce que, certainement, je n'offrirais à personne ici, je t'offre cinq écus...

Baliveau secoua la tête.

— Vingt ou rien, dit-il.

Et il tourna de nouveau les talons à La Ramée.

— Voyons, pétit, s'écria ce dernier, sois raisonnable, je te fais des concessions, huit écus!...

— Non, fit Baliveau.

— Eh bien! dix.

Le paysan secoua la tête et s'éloigna décidément.

La Ramée courut après lui.

— Mais, malheureux! lui demanda-t-il, qu'est-ce que tu veux donc en faire de ces vingt écus que tu exiges?...

— C'est mon secret, fit Baliveau.

— Confie-le-moi, ce secret, et nous verrons après...

L'amoureux de Suzette ne voyait pas grand inconvénient à révéler au racoleur les motifs qui le déterminaient à lui vendre sa liberté.

Il lui fit donc le récit de ce qui s'était passé le matin même.

La Ramée comprit que Baliveau ne rabattrait pas ses prétentions ni d'un sou ni d'un denier; il cessa de le marchander, il lui fit faire sa croix au bas d'un engagement, il lui compta vingt écus de trois livres, et il lui dit :

— Te voilà soldat du roi, mon pétit. Va-t-en dire adieu à tes amis et connaissances, et reviens me rejoindre dans deux heures au cabaret que j'aperçois là-bas; si tu manquais d'exactitude en cette circonstance, il est bon de te prévenir que tu serais considéré comme déserteur et fusillé dans les cinq minutes. Ne l'oublie pas, mon bon ami... Je te dis ça dans ton intérêt...

## CHAPITRE V.

### Une résolution bizarre.

Baliveau avait deux heures devant lui et vingt écus dans sa poche.

Le premier mouvement fut tout à la joie.

Il allait pouvoir, grâce à l'expédient inattendu qui s'était offert à lui, tirer Bazu et Suzette du cruel embarras dans lequel ils se trouvaient.

Baliveau bondit en avant afin d'annoncer plus vite au père et à la fille cette heureuse nouvelle.

Mais presque aussitôt il s'arrêta, et sa physionomie redevint soudainement mélancolique et désolée.

Il venait de se rappeler de quel prix terrible il avait payé cet argent dont il se trouvait possesseur.

Ce prix, c'était sa liberté!...

Il allait falloir partir!

S'exiler!

Quitter ce pays qu'il aimait...

Quitter Suzette, qu'il aimait plus encore!...

Il allait falloir traverser les mers!... Et Baliveau détestait changer de place.

Il fallait courir mille dangers sans cesse renaissants... se battre sans doute! peut-être même être tué!...

Et Baliveau n'était pas brave... et Baliveau tenait à la vie!...

Ces pensées navrantes se présentèrent toutes à la fois à son esprit, et elles l'abattirent complètement.

Nous n'affirmerions point cependant que Baliveau se repentit de son sacrifice héroïque ; seulement, en interrogeant sa conscience, il s'avoua à lui-même qu'il avait agi quelque peu à la légère, en cédant si vite à un premier mouvement généreux.

Mais ce qui venait de se faire était définitif, aucun moyen admissible ne se présentait de retourner en arrière, *il fallait boire le vin tiré*, comme dit le proverbe.

Baliveau se remit en marche, et, au bout de deux ou trois minutes, l'oreille basse et la mine piteuse, il atteignait l'auberge du père Bazu.

Le pauvre garçon était un cœur d'or dans la plus large acception du mot.

Au milieu de son profond chagrin, il eut une inspiration d'une délicatesse infinie.

— Ne disons rien, ni à Suzette, ni à son père, pensa-t-il ; s'ils savaient ce que me coûte cet argent, ils refuseraient peut-être de s'en servir...

Et il entra.

La grande salle était déserte.

Bazu se promenait solitairement dans la cour intérieure, maugréant au fond de l'âme, mais, selon sa coutume, fredonnant du bout des dents un refrain de chanson à boire.

Quant à Suzette, elle pleurait dans sa chambre.

Baliveau, sans faire de bruit, disposa les vingt écus en une seule pile, bien en vue, sur la table qui servait aux repas des voyageurs, quand il y avait des voyageurs dans l'auberge.

Puis il alla retrouver Bazu.

Ce dernier, en le voyant s'avancer, suspendit sa promenade.

— Eh bien ? lui demanda-t-il, rapportes-tu quelque chose?

Baliveau hocha la tête d'une façon négative.

— Rien ? fit Bazu.

— Rien, répondit le jeune homme.

— Parbleu! j'en étais sûr!... Qu'ont-ils dit?

— Ils ont promis des *à-compte* pour la semaine prochaine.

— Oui, la semaine des quatre jeudis! — Les gaillards connaissent bien le chemin du *Soleil d'or* quand ils veulent y venir boire, mais ils ne s'en souviennent guère quand il s'agit d'y revenir payer!

Baliveau tira un long soupir des cavités de sa poitrine.

Bazu le regarda et se mit à rire.

— Quelle figure d'enterrement! reprit-il. Elle est vraiment comique à force d'être piteuse!... Allons donc, mon garçon, un peu de philosophie!... Pour quelques moutons de moins, nous n'en mourrons pas, que diable!...

Et il continua de prodiguer à Baliveau une série de consolations de ce genre, que le pauvre garçon ne goûta que très-imparfaitement.

En ce moment, on entendit Suzette pousser, dans l'intérieur de la maison, un cri de surprise et de joie.

Bazu prêta l'oreille.

— Bon! pensa Baliveau, le pot aux roses est découvert!...

— Mon père! mon père! cria Suzette.

— Je suis ici, répondit Bazu. Voyons, petite, qu'y a-t-il ?

Suzette apparut, radieuse, souriante, illuminée en quelque sorte par les rayonnements de son contentement intérieur.

Elle portait dans son tablier une poignée d'écus qui rebondissaient à chacun des rapides mouvements de la jeune fille.

Elle arriva ainsi jusqu'auprès de Bazu, lequel regarda l'argent d'un air stupéfait.

— Qu'est-ce que c'est que ça?... fit-il.

— J'allais vous le demander...

— Quoi, tu ne sais pas?

— Non, et vous?...

— Moi non plus ; et toi, Baliveau?...

— Ni moi, grand Dieu!... s'écria le jeune homme.

Bazu reprit :

— Combien y a-t-il?

— Je n'ai pas compté.

— Compte, ma fille...

Suzette toucha du bout de son doigt mignon chacune des pièces d'argent, puis elle dit :

— Vingt écus.

— Tout juste ?

— Oui.

— Où les as-tu trouvés ?

— Sur la table, dans la grande salle.

— Et tu n'as vu personne entrer ou sortir?...

— Personne.

— Voilà qui est singulier!... fit Bazu.

— Bien singulier!... appuya Suzette.

— Oh! oui, très-singulier!... répéta Baliveau comme un écho.

— Cet argent n'est pas venu là tout seul...

— Sans doute, répondit Suzette.

— Sans doute, murmura Baliveau.

— Mais qui a pu l'apporter ?... voilà ce que je ne devine point...

— Ni moi...
— Ni moi...
— C'est peut-être un miracle, hasarda Suzette.
— Mam'zelle Suzette a raison, s'écria Baliveau, ça doit être un miracle!...

Bazu se mit à rire.

— Miracle ou non, fit-il, l'argent est de bon aloi et vient fort à propos... Voilà nos moutons sauvés pour cette fois!... Prends ces vingt écus, Suzette, et cours chez le collecteur des gabelles...

— J'y vais, répondit la jeune fille; et elle disparut en faisant de la tête à Baliveau un petit signe d'adieu gracieux et coquet.

Bazu, pratiquant comme il convient le culte de la reconnaissance, descendit à la cave pour y tirer un broc de vin frais pour le boire en tête-à-tête avec lui-même à la santé de l'ami inconnu qui lui était venu en aide si généreusement et si discrètement.

Baliveau resta seul au milieu de la cour, étranger à cette joie qu'il venait de faire naître, et que personne ne songeait à lui attribuer.

Il avait encore devant lui à peu près une heure.

Il alla s'asseoir sous un petit hangar qui servait de lieu de resserre pour une foule d'instruments d'agriculture et de jardinage.

Là, il s'enfonça dans des réflexions et des méditations qui n'étaient point couleur de rose, tant s'en faut.

Leur résultat fut bizarre.

Chacun connaît la légende populaire de *Gribouille*, qui se jette dans l'eau de peur de la pluie.

Baliveau prit un parti de tout point comparable à celui de cet illustre imbécile.

Il se dit que, comme il lui était impossible de vivre loin de Suzette, il valait mieux mourir que de s'éloigner d'elle.

En conséquence, il résolut de mettre fin à ses jours, et cela sans tarder, car l'heure avançait et le sergent, on s'en souvient, l'avait menacé de le faire passer par les armes s'il ne se montrait point exact.

Or, Baliveau, toujours avec une incomparable logique, songeait très-sérieusement à se noyer ou à se pendre, mais ne voulait, sous aucun prétexte, s'exposer à être fusillé.

Nous verrons, dans le chapitre suivant, comment il mit son projet à exécution.

## CHAPITRE VI.

### Un suicide difficile.

Une fois sa résolution bien arrêtée, Baliveau se demanda à quel genre de suicide il aurait recours.

Différents moyens d'en finir avec la vie s'offraient à lui. Lequel choisir?

L'amoureux de Suzette songea d'abord à se noyer.

Mais une réflexion l'arrêta.

*La Fleurette*, joli petit ruisseau dont nous avons déjà parlé, et qui courait dans la vallée de Brunetières, n'avait pas plus de deux pieds de profondeur dans ses endroits les plus escarpés.

Or, il n'est point facile à un grand gaillard de cinq pieds six pouces de se noyer dans deux pieds d'eau.

Baliveau chercha autre chose.

Rien ne l'empêchait de choisir le mieux affilé des coutelas de la cuisine et de se le plonger dans le cœur.

Mais le pauvre Baliveau avait horreur du sang et ne coupait le cou à un poulet qu'avec la plus grande répugnance.

Il y avait encore le poison.

Baliveau n'y songea même pas.

En outre de ce qu'il n'existait dans le pays ni arsenic, ni opium, ni acétate de morphine, enfin aucun de ces agents destructeurs que notre époque a mis à la mode, Baliveau n'aurait accepté, pour rien au monde, les coliques déshonorantes que le poison entraîne à sa suite.

Pendant un instant, le villageois dut croire que la mort ne voulait pas de lui, et que, faute d'une possibilité de se détruire, il serait contraint de vivre.

Déjà il promenait autour de lui un regard effaré.

Ce regard rencontra un bout de corde qui pendillait à une solive.

Le jeune homme tressaillit.

Il éprouva une sensation presque joyeuse, et il se dit :

— J'ai mon affaire... il est inutile de chercher plus longtemps!...

Puis il détacha la corde, laquelle était à peu près neuve, en fort bon état, et longue de deux ou trois aunes.

Il la roula soigneusement, il la cacha sous sa veste, et il sortit de dessous le hangar d'un pas assez délibéré.

L'idée de la pendaison ne déplaisait point précisément à notre personnage.

Il traversa la cour solitaire.

Suzette n'était pas encore revenue de chez le collecteur des gabelles, où son père lui avait envoyé porter les vingt écus.

Bazu, dans la grande salle, vidait joyeusement son broc de vin frais et chantait à tue-tête ces vieux couplets de maître Adam :

> Aussitôt que la lumière
> Vient redorer nos coteaux,
> Je commence ma carrière
> Par visiter mes tonneaux!...
>
> Si quelque jour, étant ivre,
> La mort arrêtait mes pas,
> Je ne voudrais pas revivre
> Après un si beau trépas !
>
> Je m'en irais dans l'Averne
> Faire enivrer Alecton,
> Et bâtir une taverne
> Dans le manoir de Pluton !...

Baliveau évita de passer auprès de ce buveur intrépide, dont la bonne humeur lui faisait mal, et dont la chanson bachique lui semblait discordante.

Il sortit par une porte de derrière, gagna la rue et prit sa course sur la grande route, dans la direction qui l'éloignait du cabaret trois fois maudit où l'attendait le sergent La Ramée.

Baliveau courut ainsi pendant un gros quart d'heure ou environ.

Dans l'endroit où il s'arrêta tout essoufflé, le chemin avait fait un coude et on ne voyait plus le village.

Ce chemin, d'ailleurs, était parfaitement désert, et Baliveau put s'occuper, avec une sécurité complète, de ses derniers préparatifs.

A droite et à gauche de la route, s'élevaient des tilleuls au tronc noueux et aux branches tortues.

L'une de ces branches, croissant horizontalement à huit pieds de terre, ressemblait parfaitement au bras d'une potence, qu'elle pouvait remplacer sans désavantage.

Baliveau ne devait point songer à trouver quelque chose de mieux disposé et de plus agréable.

Aussi ne chercha-t-il pas une minute de plus.

Il prit la corde, la déroula, et fit un nœud coulant à une de ses extrémités.

Puis il mit bas sa veste, il saisit le bout de la corde entre ses dents et il grimpa au tronc du tilleul.

Baliveau était leste et nerveux.

En trois élans, il atteignit la branche horizontale, sur laquelle il s'assit afin d'y fixer solidement la corde.

Ceci achevé, il se reposa pendant un instant.

Il fit dévotement sa prière, recommanda son âme à Dieu, et donna une dernière pensée à Suzette.

Ensuite, il se suspendit d'une seule main à la branche fatale, il passa sa tête dans le nœud coulant, sa seconde main lâcha son point d'appui, et voilà le pauvre Baliveau lancé dans l'éternité (comme disent les romanciers modernes), c'est-à dire faisant une abominable grimace, tirant une langue démesurée, et gigottant à six pieds du sol.

Si Baliveau n'avait pas été préoccupé outre mesure (et d'une façon d'ailleurs assez naturelle) par sa tentative de suicide, il n'eût point manqué de remarquer que, tandis qu'il se suspendait entre ciel et terre à la grosse branche du tilleul, une voiture, lancée à fond de train, venait d'apparaître à l'un des tournants de la route, et s'avançait rapidement de son côté, au milieu des tourbillons de poussière soulevés sur son passage.

Cette voiture était un carrosse qui devait appartenir à un grand seigneur immensément riche, à en juger par le luxe des ciselures et des dorures, la beauté des chevaux, l'éclat des livrées et la splendeur des armoiries peintes sur les panneaux, et timbrées d'une couronne de marquis.

L'attelage était composé de quatre chevaux noirs de grand prix, dont les harnais disparaissaient presque sous des reliefs d'argent massif.

Deux petits postillons, hauts comme une botte, vêtus de velours bleu galonné en argent, maîtrisaient ces chevaux, ou plutôt dirigeaient leur fougue impétueuse.

Un énorme cocher (dont la trogne rouge semblait, au milieu des boudins de sa perruque blanche, une fraise dans du coton), assis sur le siège comme sur un trône, tenait d'une main magistrale les rênes de soie cramoisie et le fouet au manche d'ébène incrusté d'argent.

La livrée, ainsi que celle des trois valets de pied gigantesques, debout sur le strapontin de derrière, était bleue et argent.

Le maître de ce somptueux équipage occupait seul son carrosse.

Il portait un costume du matin d'une simplicité élégante et riche, qui faisait encore ressortir sa bonne mine et sa grande jeunesse,

A peine semblait-il atteindre sa vingt-cinquième année.

Ses traits, gracieux et aristocratiques, étaient d'une régularité irréprochable.

Sa taille fine et bien prise, et sa jambe parfaite, complétaient un ensemble des plus séduisants.

Depuis le moment où, en tournant l'angle du chemin, il avait aperçu les sinistres préparatifs de Baliveau, son visage exprimait une poignante inquiétude. et, penché à la portière de sa voiture, il ne cessait de répéter :

— Plus vite ! Labrie ! plus vite, plus vite !

Aussi, nous le répétons, les chevaux volaient.

Enfin, le carrosse s'arrêta devant l'arbre auquel Baliveau servait littéralement de fruit.

Les valets de pied s'élancèrent à la portière.

Mais le gentilhomme trouva le moyen de les devancer.

Il bondit hors du carrosse.

Il franchit le talus qui conduisait au pied du tilleul.

Il trancha la corde avec son épée, et il reçut dans ses bras le corps inanimé de Baliveau.

L'amoureux de Suzette était pendu depuis deux minutes et quelques secondes.

Son pouls battait encore, mais d'une façon presque imperceptible.

Ses yeux, largement ouverts, ternes et sans regard, semblaient sortir de son visage cramoisi. Sa langue pendait.

Il était hideux et ne donnait plus aucun signe de vie.

— Mon Dieu ! s'écria le gentilhomme, ce malheureux est mort.

Cependant il se hâta de dénouer la cravate de chanvre qui étranglait Baliveau.

Puis, il posa sa main sur le cœur du pauvre garçon.

— Il vit !... murmura-t-il avec joie, il vit... Comtois, un flacon de vin de Madère, et vite...

Le valet courut au carrosse, fouilla dans un coffre et rapporta un carafon en verre de Bohême.

La liqueur généreuse scintillait comme de l'ambre en fusion à travers les flancs du cristal, constellés d'étoiles d'or.

Le gentilhomme en versa quelques gouttes sur les lèvres de Baliveau.

Ce dernier avala sans le savoir, et fit un léger mouvement.

Une nouvelle gorgée de vin produisit un effet immédiat.

L'amoureux de Suzette, qui avait été adossé contre le talus du chemin, remua les jambes, agita les bras, et porta la main à son cou, comme pour chercher la cause d'une douleur assez vive qu'il y éprouvait.

Le gentilhomme contemplait en souriant cette résurrection dont il était l'auteur.

Nous nous servons à dessein de ce mot *résurrection*, car, certes, jamais créature humaine n'avait été plus près de la mort que le pauvre Baliveau.

Une troisième dose de cordial sembla rendre au villageois une partie du sentiment de sa situation.

Il fit un effort, et parvint à se soulever en s'appuyant sur ses coudes.

Son visage perdit sa teinte pourpre.

L'éclair du regard revint briller dans sa prunelle éteinte.

Ses lèvres s'agitèrent comme pour murmurer quelques paroles : mais elles ne purent articuler aucun son distinct.

— Buvez encore, mon ami, lui dit le gentilhomme, en lui

mettant le flacon dans la main, buvez... vous parlerez tout-à-l'heure...

Baliveau obéit, et il avala d'un seul trait tout ce qui restait de vin de Madère.

Une expression de soulagement, et même de bien-être, se peignit aussitôt sur sa physionomie.

Évidemment il rentrait peu à peu dans le libre exercice de ses facultés intellectuelles un moment suspendues.

Pendant une minute, il frictionna activement son cou endolori par le rude contact de la corde.

Ensuite ses lèvres s'entr'ouvrirent de nouveau, et, tout en fixant sur le gentilhomme des yeux qui semblaient éblouis, il prononça d'une voix rauque, mais parfaitement distincte, ces mots :

— Pourquoi diable m'a t'on dépendu ?... Voilà de la besogne à refaire !

Le gentilhomme fit un signe à ses valets, qui s'inclinèrent respectueusement, et s'éloignèrent de quelques pas.

Il resta seul avec Baliveau.

## CHAPITRE VII.

### Conversation et confidences.

— Mon cher ami, fit alors d'une voix douce et presque caressante le gentilhomme étranger, vous venez de dire, ce me semble : *Pourquoi diable m'a-t-on dépendu ?*...

— Oui, monseigneur, répondit Baliveau de sa même voix enrouée, et avec un respect profond qui venait de lui être inspiré par la bonne mine de l'inconnu, et surtout par la vue du splendide équipage qui stationnait sur le grand chemin, en face de la potence improvisée.

— Et, poursuivit le gentilhomme, si je ne me trompe, vous avez ajouté : *Voilà de la besogne à refaire !*...

— C'est vrai, monseigneur.

— Votre projet est donc de vous rependre de nouveau.

— Hélas !... il le faut bien, monseigneur !...

— Il le faut, dites-vous ?

— Oui, monseigneur, pour mon malheur !...

Le gentilhomme sembla réfléchir pendant un instant, puis il reprit :

— Voulez-vous me permettre, mon cher ami, de vous adresser deux ou trois questions ?...

— Et dix-sept aussi, et vingt-cinq également, si vous le jugez convenable, monseigneur...

— Et vous y répondrez avec franchise ?...

— Avec franchise et sincérité.

— Voilà qui est au mieux. Eh bien, mon ami, d'abord, votre nom.

— Baliveau.

— Quel est votre âge ?

— Vingt et un ans.

— Que faites-vous ?

— Je suis *factonton* chez le père Bazu, aubergiste, à l'enseigne du *Soleil-d'Or*.

Le gentilhomme ne put s'empêcher de sourire de la qualification un peu bizarre que prenait Baliveau.

— L'auberge du *Soleil-d'Or*, répéta-t-il ensuite, où est-ce cela ?...

— A Brunetières, un petit village que voilà là-bas, passé le tournant du chemin.

— A qui appartient cette auberge ?...

— A monseigneur le marquis de Fontenailles.

— Je sais... je sais... et maintenant, mon ami, dites-moi pourquoi donc vouliez vous vous pendre ?...

Baliveau hésita.

— Ah ! fit le gentilhomme, vous m'avez promis de la franchise.

Et il répéta sa question.

— Il le fallait... murmura Baliveau.

— Ce n'est pas une réponse, cela...

— Dame !...

— Voyons, pourquoi le fallait-il ?

— Parce que le sergent La Ramée m'attendait au cabaret.

— Qu'est-ce que le sergent La Ramée ?

— Un racoleur.

— Qu'aviez-vous à faire avec lui ?

— Je lui appartiens.

— Comment cela ?

— J'ai fait ma croix au bas d'un engagement...

— Quand ?

— Il y a deux heures.

— Vous avez donc l'amour de l'état militaire ?

— Ah ! grand Dieu !.. bien au contraire, puisque c'est pour ne point partir avec le sergent que je me suis pendu !

— C'est juste ; mais je ne comprends guère...

— Pourquoi j'ai signé, n'est-ce pas, monseigneur ?

— Tout juste.

— Eh bien ! j'ai signé parce qu'il me fallait vingt écus.

— Il vous fallait vingt écus, dites-vous ?

— Oui, monseigneur.

— Et pourquoi vous les fallait-il ?

Baliveau baissa la tête et ne répondit point.

Le gentilhomme insista.

Baliveau resta muet.

Enfin, à force de revenir à la charge, l'inconnu arracha cette réponse au villageois :

— Le receveur des gabelles allait faire vendre les moutons...

— Les vôtres ?

— Ceux du père Bazu.

— L'aubergiste du *Soleil-d'Or* ?

— Oui, monseigneur.

— Mais il me semble que ce n'était point à vous à payer les dettes de votre maître, surtout au prix de votre liberté, à laquelle vous paraissez beaucoup tenir...

— Oh ! certainement, monseigneur.

— Eh bien ! alors, qui vous poussait ?

Baliveau baissa les yeux de plus belle et il balbutia le nom de Suzette.

Le gentilhomme sourit.

— Ah ! ah ! s'écria-t-il, je comprends tout maintenant.

Baliveau devint pourpre.

Son interlocuteur continua :

— Celle que vous aimez se nomme Suzette, et c'est la fille de Bazu?...

Baliveau inclina la tête d'une façon qui voulait dire :

— Vous ne vous trompez pas.

— Et, reprit le gentilhomme, afin de tirer d'embarras Suzette et son père, vous vous êtes vendu à un racoleur pour une somme de vingt écus... faisant ainsi à ceux qui vous sont chers le sacrifice de votre liberté, et même, pauvre garçon, celui de votre vie.

Baliveau fit de nouveau un signe affirmatif.

— Ah ! dit alors le gentilhomme avec expansion, cela est bien !... cela est beau, mon ami !...

Et il saisit la main du jeune paysan qu'il serra dans les siennes à deux ou trois reprises.

Baliveau, honteux, ému, stupéfait, se défendait modestement de l'excès d'honneur que lui faisait l'inconnu.

Ce dernier reprit :

— Voyons, pour vous sentir parfaitement heureux en ce monde, que vous faudrait-il ? dites-moi ..

— Ce qu'il me faudrait ?...

— Oui.

— Je ne sais pas trop...

— Cherchez...

— Dame !... il faudrait d'abord ne point être soldat...

— Et ensuite ?...

— Dame ! ensuite... une maisonnette, des poules, des lapins, et mam'zelle Suzette pour femme ; il me semble que ça serait le parfait bonheur.

— Ainsi, c'est là tout ce que vous désireriez, si vous n'aviez qu'à désirer pour obtenir ?

— Mon Dieu, oui.

— Réfléchissez bien.

— C'est tout réfléchi, monseigneur.

L'inconnu tira de sa poche un petit portefeuille en écaille incrusté d'or, sur lequel il traça rapidement quelques notes au crayon.

Ensuite il mit dans la main de Baliveau une bourse gonflée, en lui disant :

— Tenez, mon ami, il y a là-dedans vingt-cinq pièces d'or. Allez trouver votre racoleur, rachetez-lui votre liberté, épousez votre Suzette, et ne vous pendez plus... Vous entendrez bientôt parler de moi.

Et le gentilhomme, franchissant le fossé qui le séparait de la route, s'élança dans son carrosse, dont les valets de pied fermèrent la portière.

Les petits postillons éperonnèrent leurs chevaux.

Le gros cocher agita son fouet.

L'attelage s'ébranla, partit au galop, et disparut au bout d'une minute, au milieu de la poussière qu'il soulevait.

---

Cependant Baliveau était resté tout seul, assis sur son talus gazonné, regardant d'un air stupide l'équipage qui s'éloignait.

Il ne pouvait en croire ni ses yeux ni ses oreilles.

Il doutait de ce qu'il avait vu.

Il doutait de ce qu'il avait entendu.

Il lui semblait que, depuis le matin, il était le jouet de quelque rêve bizarre et qu'il allait s'éveiller dans un instant.

Afin de se bien convaincre qu'il n'y avait rien de réel dans sa situation, il leva les yeux vers le ciel.

Mais, au lieu du ciel, il vit la branche horizontale du tilleul, à laquelle pendillait encore un bout de corde fraîchement tranché.

Ceci était un fait matériel incontestable.

Il abaissa ses regards vers sa main, dans laquelle il sentait quelque chose de lourd.

Ce quelque chose était la bourse du gentilhomme.

Baliveau l'ouvrit avec un reste de défiance.

Il s'y trouvait vingt-cinq louis d'or de vingt-quatre livres chacun.

Le doute n'était plus possible !

Baliveau se leva d'un saut, ou plutôt il bondit sur ses jambes, et, avant de retoucher le sol, il battit un entrechat plus prodigieux que tous ceux dont le grand Vestris (*le dieu de la danse*) pouvait s'honorer dans sa vieillesse.

Ensuite, il serra la précieuse bourse entre sa chemise et son cœur, et il reprit le chemin du village.

Il faudrait se trouver ou s'être trouvé dans une situation pareille à celle de Baliveau (ce qui, par parenthèse, ne laisse point d'être assez rare) pour pouvoir apprécier tout le bonheur que le pauvre garçon éprouvait à se sentir vivre.

Son être entier se dilatait de joie.

Son cœur et son âme chantaient un hymne de reconnaissance en l'honneur de son bienfaiteur inconnu.

Il trouvait le ciel plus pur.

L'air lui semblait plus tiède.

Le soleil plus brillant.

La verdure des arbres se revêtait, à ses yeux charmés, de teintes plus douces et plus suaves.

Un corbeau passa au-dessus de sa tête en jetant dans l'espace son cri monotone et lugubre.

— Crah !.. crah !... fit l'oiseau sinistre.

Baliveau le regarda avec complaisance.

Puis il se dit intérieurement :

— Mon Dieu ! que voilà donc un joli corbeau qui chante bien !

Un peu plus loin se trouvait une petite mare.

Des grenouilles y coassaient.

Baliveau s'arrêta pour les écouter, et il s'avoua à lui-même que leur organe était mélodieux et que les êtres mal organisés seuls n'en comprenaient pas le mérite.

En d'autres termes, Baliveau était comme en délire.

Et, certes, il y avait de quoi !

Il revoyait cette lueur du jour à laquelle il croyait avoir dit adieu pour jamais !

Il allait revoir Suzette après l'avoir quittée pour toujours !

Il allait reconquérir sa précieuse liberté et prouver au racoleur La Ramée qu'il n'avait point été la dupe de ses décevantes promesses et de ses discours mensongers.

Il allait enfin, selon toute apparence, épouser celle qu'il aimait, et le beau gentilhomme au carrosse doré lui avait en outre promis de ne le point oublier !

N'était-ce pas trop de bonheur !

C'est au milieu de ces mirages scintillants que Baliveau atteignit les premières maisons de Brunetières.

## CHAPITRE VIII.

### Marché de dupe.

Notre ami Baliveau passa, rapide comme une flèche, devant l'auberge du *Soleil-d'Or*.

Il voulait, avant de revoir Suzette, déchirer le fatal engagement qui le faisait soldat de Sa Majesté.

Il ne tarda point à arriver devant le cabaret borgne, assez mal achalandé, qui avait été fondé par un concurrent du père Bazu.

La présence des racoleurs s'y trahissait par un grand tapage et par des chansons bruyantes.

La Ramée et ses acolytes sablaient à qui mieux mieux le joli petit vin du cru et buvaient à la santé du roi avec l'argent du roi.

Une large table était déjà couverte de brocs vides ou à moitié pleins.

L'ébriosité du sergent et des soldats croissait de minute en minute.

Baliveau entra.

Il avait le maintien délibéré d'un homme sûr de lui-même, et qui sait ce qu'il vaut.

La Ramée ne remarqua point l'allure fanfaronne de sa nouvelle recrue, et il s'écria en frappant du poing sur la table :

— Allons, jeune cadet, avance à l'ordre, et plus vite que ça !... Les deux heures que j'avais eu la générosité de t'accorder sont écoulées depuis un laps assez conséquent, et il né s'en faut qué dé l'épaisseur d'un cheveu que je te fasse passer par les armes !...

La Ramée étudia l'effet que ces foudroyantes paroles devaient produire sur la physionomie du villageois.

Cet effet ne se manifesta point.

Baliveau prit tranquillement un siége, l'apporta à quatre pas du racoleur et s'y installa les jambes croisées.

La Ramée resta stupéfait.

— Holà !... qu'est-ce à dire ?... fit-il d'un ton furieux au bout d'une minute, dépuis quand des blancs-becs de ton espèce s'assoient-ils en présence de leurs supérieurs sans y avoir été conviés préalablement par eux ? Debout, cadet, ou jé vais té rélever énergiquement au respect et à la subordination !...

Baliveau ne bougea pas.

Le sergent n'en pouvait croire ses yeux.

La colère se mêlait à l'étonnement et à l'ivresse.

— Militaire, dit alors sans s'émouvoir l'amoureux de Suzette, si c'était un effet de votre bonté, je voudrais causer avec vous de quelque chose qui en vaut la peine...

— Causer avec moi !... vilain merle !... jé té trouve hardi !...

— Je ne dis pas non, militaire, mais j'y tiens...

— Allons, voyons, fais vite au moins, car je n'ai pas le temps d'écouter tes sornettes...

— Soyez tranquille, militaire, ça ne sera pas long : *Je ne veux plus être soldat*...

— Dé quoi ? dé quoi ?... s'écria La Ramée pétrifié de surprise.

Baliveau répéta sa phrase.

— Ah ! tu ne veux plus ?
— Non, militaire.

La Ramée se mit à rire.

— Est-ce tout ? demanda-t-il.
— Oui, militaire.
— Eh bien ! mon pétit, ça n'était pas la peine dé t'enrouer lé gosier pour me dire ça. Soldat tu es, soldat tu restéras.
— Je ne crois pas.
— Ah ! tu né crois pas ?
— Non, militaire.
— Est-cé qué tu déviens fou ?
— Pas du tout.
— N'as-tu pas signé un engagement ?
— Ça, c'est vrai.
— Ne t'ai-je pas payé ?
— Je ne dis point non.
— Eh bien !
— Eh bien ! militaire, ce que vous m'avez donné je vais vous le rendre.

La Ramée haussa les épaules.

— Sa Majesté lé roi né reprend jamais ses bienfaits, dit-il.

Puis il ajouta :

— Ah çà ! tu as donc encore l'argent qué tu as reçu cé matin !
— Oh ! fit Baliveau, j'en ai bien d'autre !
— Quels contes mé débites-tu là ?
— Ce ne sont pas des contes, c'est la vérité...
— Fais voir.

Baliveau tira de son sein la bourse du gentilhomme.

Il en versa le contenu dans sa main, et les belles pièces d'or, nouvellement frappées, scintillèrent au soleil.

L'éclair de la cupidité brilla dans les yeux fauves du sergent.

Il changea de ton tout aussitôt, et devint aussi mielleux et insinuant qu'il avait été jusque-là dur et brutal.

— Oh ! oh ! fit-il, comme té voilà riche, mon pétit... Où diable as-tu trouvé tout céla ?...

— Ça ne vous regarde pas, répondit Baliveau.

— C'est juste... jé voulais seulement m'informer si les arbres du pays produisaient de ces fruits-là, afin d'en aller faire uné petite cueillette. Enfin n'importe, té voilà en fonds, et c'est heureux, car tu pourras régaler crânement les amis en arrivant au régiment...

— Au régiment !... je vous répète, militaire, que je n'y veux pas aller...

— J'entends bien, mais c'est impossible...

— Impossible !

— Tout à fait.

— Pourquoi ça ?

— Parcé qué tu appartiens au roi, et qu'il né consentirait jamais à perdre un serviteur dé ton mérite.

— Il ne me connaît seulement pas.

— C'est cé qui té trompe.

— Vous croyez ?

— Parbleu !... lé roi connaît tous ses sujets.

— Mais qu'est-ce que ça lui fait d'avoir un soldat de plus ou de moins ? Et d'ailleurs, à ma place vous en aurez un autre.

— Sans doute, si tu étais lé premier venu, tu aurais raison, mais crois-tu donc qu'un garçon qui té ressemble puisse sé remplacer facilement ?...

— Pourquoi donc pas?...

— Mon fils, la modestie t'aveugle, mais j'ai des yeux qui voient mieux que les tiens!... D'abord, notre glorieux monarque adore les beaux hommes, et tu conviendras que tu l'es.

— Point du tout!...

— Allons donc!... regarde cetté taille bien prise... cetté tournure souple et gracieuse!...

— Oh! fit Baliveau décontenancé.

— Tes bras sont forts et dé belles proportions...

— Oh!...

— Tes jambes sont sveltes et nerveuses.

— Oh!...

— Tes mains solides et dé jolie forme.

— Oh!...

— Tes genoux fins et parfaitement attachés.

— Oh!...

— Enfin, dé la pointe des cheveux à la plante des pieds, touté ta personne est gracieuse et jolie.

— Oh!... oh!... oh!... s'écria Baliveau. Dites donc, militaire, est-ce que vous vous moquez de moi?...

— Par exemple!...

— Il y a deux heures, vous me disiez que mon corps était un manche à balai, mes bras des fuseaux, mes jambes des échalas, mes mains des épaules de mouton, mes genoux des nœuds de serviettes, enfin, que de la tête aux pieds toute ma personne était vilaine!

— Ai-je dit cela?

— Vous l'avez ît.

— Eh bien, qu'est-cé qué cela prouve? Né comprends-tu donc point, mon pétit, qué jé parlais contre ma pensée, afin dé faire ton acquisition au meilleur marché possible?

— Au fait, ça se peut bien, murmura intérieurement Baliveau, extrêmement flatté dans son amour-propre par les louanges chatouilleuses du sergent.

Ce dernier reprit:

— Tu vois toi-même, mon pauvre ami, qué si notre monarque apprenait qu'il perd, par ma faute, un soldat commé toi, il né s'en consolerait point et mé ferait sentir lé poids dé sa colère...

— Il ne le saurait pas.

— Jé té répète qué les rois savent tout.

— Mon Dieu! mon Dieu? comment donc faire?

— Prendre ton parti et nous suivre gaîment.

— Jamais! s'écria Baliveau avec désespoir.

— Il lé faut, cependant.

— Mais j'offre de vous rembourser les vingt écus que j'ai reçus de vous.

— Jé dois refuser et jé refuse.

— Militaire, je vous én supplie!

— Inutile d'insister, mon pétit!... Un roc plierait plutôt que moi!...

Baliveau était anéanti.

Il voyait tous ses beaux rêves s'évanouir l'un après l'autre. A quoi lui servait cet argent sur lequel il avait tant compté? A quoi lui servait la protection du gentilhomme inconnu? Le pauvre garçon appuya ses coudes sur ses genoux, cacha sa tête dans ses mains et se mit à pleurer.

La Ramée feignit de ne point s'occcuper de lui et donna l'ordre du départ.

Les pleurs de Baliveau se changeaient en sanglots.

Le racoleur paya la dépense faite dans le cabaret, puis il toucha du bout du doigt l'épaule de Baliveau, et il s'écria:

— Allons, pétit, allons, du courage! Debout, mon cadet, et en route!

Baliveau se leva.

Ses yeux rougis et sa figure décomposée faisaient mal à voir.

La Ramée réprima un sourire rempli d'astuce et de perfidie.

Il prit le bras de Baliveau et l'entraîna dans un des angles de la salle.

— Voyons, lui dit-il d'un ton bas et d'une voix qui jouait tant bien que mal l'intérêt et la compassion, voyons, mon pauvre cadet, nous avons donc bien du chagrin?

— Si j'en ai? s'écria Baliveau, ah! grand Dieu!

— Parole d'honneur! foi dé la Ramée, ça mé fait dé là peine dé taquiner un joli garçon commé toi!

Le villageois ne répondit pas.

Le racoleur reprit:

— Si cépendant jé venais à bout dé trouver un moyen d'arranger l'affaire.

— Ah! murmura Baliveau, trouvez-le, militaire!... trouvez-le!..

— Il y en a bien un...

— Lequel, militaire...lequel?

— Déchirer ton engagement et annuler nos conventions. Mais, jé té répète, il faudrait m'exposer beaucoup... et jé crains lé courroux du roi... Cependant, la tendresse qué jé ressens pour toi... et l'indemnité raisonnable qué tu songes à m'offrir, parviendraient peut-être à mé décider...

Aux dernières paroles prononcées par La Ramée, Baliveau ouvrit de larges oreilles, et un faible rayon de lumière pénétra dans son entendement.

— Militaire, s'écria-t-il, outre les vingt écus que je vous dois, j'offre de vous en donner dix autres...

— Allons donc! fit La Ramée d'un air dédaigneux, pour qui est-cé qué tu mé prends, mon pétit? Té figures-tu qué pour dix écus, jé vais jouer si gros jeu qué dé déplaire à Sa Majesté?

— Eh bien! fit Baliveau, quinze écus..,.

— Non pas!

— Vingt écus.

— Bagatelle!

— Vingt-cinq écus...

— A d'autres, mon pétit, à d'autres!

— Voyons, militaire, dites vous-même ce que vous demandez...

— Moi, répondit le sergent de l'air du monde le plus désintéressé, jé né démandé rien... seulement, jé té permets de m'offrir...

— Alors, je vous offre ce qu'il vous plaira d'accepter...

— Montre-moi un peu cé qu'il y a dans cette bourse.

Baliveau la lui tendit.

Le sergent compta les pièces d'or.

— Vingt-cinq, dit-il.

— C'est bien le compte.

— C'est tout cé qé tu possèdes?

— Tout, absolument.

— Eh bien! répliqua La Ramée, jé mé montrerai généreux... jé mé contenterai dé ces vingt-cinq louis.

Et il fit mine de glisser la bourse dans la poche de sa culotte.

Baliveau poussa un cri pareil à celui de la poule qui voit un oiseau de proie fondre sur son poussin.

— Est-cé qué céla né té va point, par hasard, mon pétit? demanda le sergent.

— Que me resterait-il donc? murmura le villageois.

— Cé qui té resterait, ingrat?... Ta liberté, ta Suzette et ta belle jeunesse!... Comptes-tu tout cela pour rien, s'il te plait?

— Mais... hasarda Baliveau.

— Ah! c'est comme ça!... interrompit La Ramée d'un ton brutal, n'en parlons plus!... Tiens, mon cadet, réprends ta bourse, levons le pied vivement, et en route!...

On devine comment se termina cette scène.

Baliveau était entre des mains trop habiles et trop rapaces pour qu'il pût dégager de leurs doigts crochus la moindre plume ee son aile.

Il céda.

Un quart d'heure après, le racoleur quittait Brunetières, plus riche de vingt-cinq louis que quand il y était arrivé.

Baliveau regagnait tristement l'auberge du *Soleil-d'Or*, aussi pauvre qu'au moment où il en était sorti, honteux d'avoir été pris pour dupe et soutenu seulement par l'espoir que le gentilhomme inconnu lui avait donné.

Nous verrons bientôt si cet espoir devait se réaliser.

## CHAPITRE IX.

### Une lettre.

Quatorze mois s'étaient écoulés depuis les incidents par lesquels nous avons clos le précédent chapitre de ce récit.

Nous n'avons à enregistrer aucun événement de quelque importance survenu depuis lors dans la position de nos personnages.

Les affaires du père Bazu n'allaient pas mieux, tant s'en faut.

Suzette était toujours jolie, par conséquent toujours coquette.

Baliveau était toujours amoureux, et amoureux sans grand espoir d'une union prochaine, car le gentilhomme inconnu semblait avoir totalement oublié sa promesse, et, pendant le cours de quatorze mois révolus, le jeune villageois n'avait point entendu parler de lui.

Aussi Baliveau avait-il presque complètement oublié les aventures auxquelles se rattachait cette promesse si mal tenue.

Au moment où se passent les faits dont nous sommes l'historien, la situation de l'aubergiste du *Soleil-d'Or* s'était aggravée, et de beaucoup.

Ses dettes avaient fait la boule de neige.

L'intendant du marquis de Fontenailles lui réclamait quatre termes de loyer, et il n'avait pas le premier sou pour les payer.

Aussi la tristesse était dans la maison, et tout le monde y gémissait, excepté Bazu, qui chantait selon son éternelle habitude.

Ici, nous devons tracer un tableau qui ressemble par plus d'un point à celui qui commence ce volume.

Les différences cependant sont assez essentielles pour qu'on ne nous accuse point de nous copier nous-même.

La scène se passait dans la grande salle du rez-de-chaussée de l'hôtellerie.

Nos trois personnages étaient groupés d'une façon caractéristique et originale, absolument comme pour le lever du rideau d'un de nos théâtres de vaudevilles.

Au premier plan, Suzette, assise devant une petite table, tenait une plume de la main droite, et, de la main gauche, essuyait ses yeux rougis avec un mouchoir baigné de larmes.

Une écritoire de plomb et une énorme feuille de papier étaient placées devant elle.

Un peu en arrière, Bazu, les deux poignets sur ses hanches, riait à gorge déployée.

Baliveau, plus maigre, plus diaphane, plus osseux, plus efflanqué que jamais, s'effaçait dans un coin à gauche, et fixait sur sa bien-aimée ses gros yeux remplis d'extase et de pleurs.

La gaieté de Bazu se prolongeait outre mesure.

Suzette jeta sa plume avec un peu d'impatience, se tourna vers son père et lui dit :

— Mon Dieu, père, qu'est-ce qui vous fait donc rire comme ça!...

— De te voir pleurer, petiote...

— Vous trouvez ça drôle?...

— Ma foi, oui.

— Nous n'avons donc pas sujet d'être tristes?...

— Bah!... acceptons le temps comme il vient!...

— C'est facile à dire!

— C'est encore plus facile à faire.

— Vous prenez votre parti de tout!

— A quoi me servirait de ne pas le prendre? D'ailleurs, qui te dit que les choses ne vont pas tourner le mieux du monde?

— Je ne vous ai jamais vu désespérer de rien!

— C'est pour cela que je suis toujours gai!... Voyons, c'est assez pleurer comme ça! fais-moi le plaisir de te remettre à écrire.

— A quoi bon?

— On ne sait pas.

— C'est de l'encre perdue !

— Bah! l'encre n'est pas chère.

— D'ailleurs, les yeux me font mal, et je n'y vois plus...

Bazu prit sa grosse voix :

— Suzette, dit-il, essuyez vos yeux et écrivez... je le veux.

Suzette baissa la tête devant cette manifestation inaccoutumée de l'autorité paternelle, et elle reprit sa plume sans réplique.

— Je redicte... fit Bazu.

— M'y voici, répondit Suzette.

— Voyons, où en étais-je?...

— Je vais vous relire les premières lignes, si vous voulez.

— C'est ça même, petite. Comme ça, en écoutant le commencement, j'aurais bien du malheur si je ne retrouvais pas mon fil...

Suzette se mit à lire à haute voix les lignes suivantes, tracées par elle d'une grande écriture irrégulière et saccadée, et écrites d'une orthographe tout à fait de fantaisie, comme bien on pense.

2

« Monsieur le marquis,

» Je m'appelle (pour vous servir très-humblement, si j'en étais capable) Jean-Jérôme-Nicolas Bazu.

» J'ai l'honneur d'être votre locataire, monsieur le marquis, car je tiens à bail votre petite maison de Brumetières, dont j'ai fait une auberge que vous ne connaissez peut-être pas, mais qui porte honorablement l'enseigne éblouissante du *Soleil-d'Or* ?...

» C'est une bien belle enseigne, n'est-il pas vrai, monsieur le marquis, que celle du *Soleil-d'Or* ?...

» Malheureusement, dans toute la maison, il n'y a d'or que le soleil qui est sur l'enseigne : autrement dit, j'y fais de mauvaises affaires, et je n'y gagne ni de l'or, ni de l'argent, ni même de cuivre.

» Ceci, monsieur le marquis, est pour en arriver à cela : je n'ai pas le premier sou, et je vous dois quatre termes de loyer que votre intendant (un homme bien dur pour le pauvre monde, soit dit entre nous, monsieur le marquis) me réclame par ministère d'huissier (avec frais).

» Donc, si je n'ai pas payé sous trois jours (et il est impossible que cela me soit possible), je serai flanqué à la porte, moi, ma fille Suzette, et mon unique serviteur, et on vendra à la criée, sur la grande place, mes trois meubles et mes quatre loques... »

Ici, Suzette arrêta sa lecture, interrompue qu'elle était par des sanglots.

Baliveau se mouchait fortement et à plusieurs reprises, espérant dissimuler son émotion sous un prétexte de rhume.

— Ma foi, dit Bazu, après la pluie le beau temps !... Le mal est fait pour le bien !... Ce n'est pas l'argent qui donne le bonheur !... Mais, en réalité, si toutes les auberges ressemblent à la mienne, mes pauvres confrères sont dans un rude pétrin !... Depuis huit jours n'avoir logé qu'un seul voyageur, franchement, c'est du guignon !...

— Et quel voyageur, encore ! murmura Suzette...

— Le fait est, reprit Bazu, qu'il ne m'a pas l'air trop calé, quoiqu'il fasse un embarras d'enfer, avec sa moustache retroussée, son petit manteau troué et sa vieille plume déchiquetée sur son vieux feutre tout cassé... Mais qu'importe qu'il soit riche ou pauvre ?... C'est un bon garçon et un joyeux compère, et il me plaît, ce monsieur Tircis !...

— Brigand de Tircis ! grommela Baliveau entre ses dents d'un air courroucé et en serrant énergiquement les poings.

Suzette entendit cette exclamation, elle se rapprocha du paysan et elle lui dit tout bas :

— Ah çà, qu'est-ce que tu as donc contre lui ?

— Ce que j'ai ?

— Oui.

— J'ai... que je suis jaloux !

— Jaloux !... toi ?...

— Oui, jaloux, moi !

— Deviens-tu fou ?

— Tiens !... pourquoi donc qu'il est toujours à vous pourchasser pour vous pincer la taille, et qu'il vous suit dans des coins noirs où il vous embrasse ?...

— Tu t'es aperçu de ça, mon pauvre Baliveau ?

— Pardine !

— Eh bien ! où est le mal ?

— Le mal !... le mal... Dame ! je ne dis pas, mais ça me chiffonne...

— Imbécile ! murmura Suzette tendrement, tu sais bien que c'est toi que j'aime...

— Bien vrai ?... soupira Baliveau.

— Eh ! oui !... bien vrai !...

— Parole d'honneur, mam'zelle Suzette, vous me versez du baume !... Mais, n'empêche, vous me ferez bien plaisir en ne plus allant dans les coins... D'abord, voyez-vous, quand ce scélérat de Tircis vous embrasse, ça m'agace comme un chat qu'on caresse à rebrousse-poil, et un de ces jours, sans pouvoir m'empêcher, je lui tomberai dessus à grands coups de poing...

Suzette haussa les épaules.

En ce moment, Bazu intervint dans le dialogue qui avait lieu à voix basse entre les deux jeunes gens.

— Allons, Suzette, dit-il, allons, ma fille, si au lieu de chuchoter avec ce grand dadais de Baliveau, comme tu le fais depuis un quart d'heure, tu continuais la lettre, il me semble que ça vaudrait beaucoup mieux.

— Tout de suite, père, répondit Suzette.

Et ses yeux se reportèrent sur la large feuille de papier placée devant elle.

## CHAPITRE X.

### Un marquis.

— Voyons, dit alors Bazu, qu'est-ce qu'il y a après ?
— Il n'y a plus rien, répondit Suzette.
— Alors, nous allons reprendre.

Et Bazu continua sa dictée en ces termes :

« J'ai dans l'idée, monsieur le marquis, — et je parierais volontiers une futaille de bon vin contre un demi-cent d'œufs durs, que je ne me trompe pas, — qu'il ne serait pas bien réjouissant pour vous de mettre sur la paille votre serviteur, qui ne demanderait pas mieux que de vous payer, et qui en viendra peut-être à bout si vous donnez à votre intendant l'ordre de lui accorder un peu de temps.

» Vous voyez que ça ne vous coûtera pas grand'chose, monsieur le marquis, et, foi de Nicolas Bazu, ça me sera fièrement utile. »

Ici le père de Suzette interrompit sa dictée.

Il s'admirait dans son éloquence, et il éprouvait le besoin impérieux de formuler un éloge à son adresse.

— Hein ! comme c'est rédigé ! s'écria-t-il.
— Oui, sans doute, répondit la jeune fille ; mais fera-t-il ce que vous lui demandez, ce marquis ?
— Il le fera peut-être, dit Bazu, il le fera même certainement, si ça lui convient... et ça lui conviendra.
— Qui vous le fait supposer ?
— D'abord sa richesse.
— Il est donc bien riche ?
— Un vrai marquis de Carabas ; lui-même ne connaît pas

sa fortune, et des gens bien renseignés m'ont affirmé qu'il pouvait aller de Dijon à Paris en ne faisant que quatre lieues par jour et en couchant tous les soirs dans un château ou dans une maison à lui...

— Est-ce possible?
— Puisque je te le dis.
— Oui, reprit Suzette, mais on a vu des gens qui ont bien mauvais cœur avec beaucoup d'argent.
— On en a vu, c'est vrai, mais le marquis de Fontenailles n'est pas de ceux-là.
— Vous en êtes sûr?
— Oui.
— Comment?
— S'il était méchant, on le saurait; si on le savait, on le dirait, et il n'aurait pas la réputation qu'il a.
— Quelle réputation a-t-il donc? demanda Suzette.
— Ne le sais-tu point?
— Je vous assure que je n'en ai jamais entendu parler.
— Eh bien, on prétend que la bienveillance est devenue chez lui une manie des plus bizarres; il passe sa vie à donner; il répand ses générosités à droite et à gauche, d'une façon toujours originale et extraordinaire. Il adore faire le bien, mais il ne veut pas que l'on sache que c'est lui qui le fait; si bien qu'on affirme que, de temps en temps, il s'amuse à parcourir ses propriétés, à pied, tout seul, déguisé tantôt d'une façon, tantôt d'une autre, et si bien déguisé que les gens qui l'auraient vu cinq minutes auparavant ne le reconnaîtraient pas. Seulement, quand il est venu, on s'aperçoit de son passage, parce qu'il a laissé quelque bienfait derrière lui.

— Mon père! s'écria Suzette, une idée!
— Laquelle? demanda vivement Bazu.
— Les vingt écus de l'an passé.
— Eh bien?
— Nous n'avons jamais deviné d'où ils pouvaient venir.
— Ma foi non.
— Si c'était lui?
— Lui!... qui?
— Le marquis. Le hasard lui aura fait découvrir notre situation, et il sera ainsi venu à notre aide.
— Ça se peut tout de même, répondit l'aubergiste.

Baliveau se rongeait les ongles.

— Mon Dieu! se disait-il à lui-même, pataugent-ils! pataugent-ils!

Bazu reprit :

— Décidément, petite, je suis tout à fait de ton avis, et ça me donne encore plus d'espoir que je n'en avais. Voyons, achevons cette lettre; laisse en blanc la largeur de deux lignes après la dernière phrase, et écris :

« Enfin, monsieur le marquis, en attendant l'honneur de votre réponse, j'ai celui de vous affirmer que je suis et que je serai toujours, même si vous jugez convenable de me laisser mettre à la porte de votre maison, votre respectueux serviteur et locataire,

» Jean-Jérôme-Nicolas Bazu. »

— Voilà qui est fait, dit Suzette.
— Bien. Maintenant, plie cette lettre, ferme-la avec ce beau pain à cacheter de couleur orange que j'ai emprunté au maître d'école, et mets sur l'adresse :

A monsieur
Monsieur le marquis de Fontenailles,
En son château de Fontenailles.
Très-pressée.

— C'est fini, dit la jeune fille en posant la lettre sur la table.

Bazu se tourna vers Baliveau :

— Toi, Baliveau, fit-il, prends cette lettre et porte-la, sans perdre un instant, au voiturier Maclou, à qui j'en ai parlé, et qui se chargera de la faire parvenir.
— Oui, not' maître, répondit le villageois.
— Moi, reprit Bazu, je retourne chez les pratiques pour leur réclamer cet à-compte qu'elles promettent depuis un an.
— Ce sont joliment des pas perdus! s'écria Suzette; vous pouvez compter sur vos pratiques!... Avec ça qu'elles sont bonnes paies!
— Eh! mon Dieu! répondit Bazu, qu'importe que tout nous manque?... Il nous restera la Providence, qui ne nous abandonnera pas plus cette fois qu'elle ne nous a abandonnés l'année dernière, le jour des vingt écus.

Et il sortit en fredonnant gaiement un de ses refrains favoris.

— Ah! Seigneur mon Dieu! s'écria Baliveau aussitôt que la porte se fut refermée derrière Bazu; ah! seigneur mon Dieu!... si nous n'avons pour nous que la Providence de l'année dernière, nous sommes perdus!
— Perdus! répéta Suzette avec étonnement.
— De pied en cap! répondit Baliveau.
— Que veux-tu dire?
— Je veux dire ce que je dis.
— Explique-toi.
— Je sais d'où venaient les vingt écus.
— Tu le sais!
— Oui.
— Et d'où venaient-ils?
— De moi.

Suzette se demanda si Baliveau était bien dans son bon sens.

Le jeune villageois comprit le regard qu'elle jeta sur lui, et il continua aussitôt :

— C'est bien vrai, allez, ce que je vous dis là, mam'zelle Suzette, et j'ai grand'peur qu'il ne me reste plus qu'à faire comme l'an dernier.
— Qu'est-ce que tu as donc fait l'an dernier, Baliveau?... demanda curieusement Suzette.
— Je me suis pendu, répondit Baliveau avec simplicité et candeur.

Suzette poussa un cri.

— Pendu! malheureux! et pourquoi? demanda-t-elle ensuite avec terreur.
— Parce que je m'étais vendu à un racoleur pour les vingt écus en question.
— Ah! mon Dieu!
— Quand ce fut fait, continua Baliveau, l'idée de m'en aller d'auprès de vous, mam'zelle Suzette, me chagrina si fort, que j'en perdis la tête; je courus jusqu'aux tilleuls qui bordent la route à un petit quart d'heure du village, et là, je m'accrochai à une grosse branche.

— Par le cou ?
— Un peu.
— Miséricorde ! Et comment donc que tu en es revenu, mon pauvre garçon ?
— Oh ! c'est toute une histoire.
— Raconte-la-moi.
— Avez-vous vu quelquefois, mam'zelle Suzette, une araignée danser au bout de son fil ?
— Certainement.
— Ça peut vous donner une idée de la façon dont je me tortillais au bout de ma ficelle. Une minute de plus, et crac !... c'était fini.
— Tu me donnes la chair de poule !
— Attendez donc, voici le beau de l'aventure.
— J'écoute de toutes mes oreilles.
— Un carrosse à quatre chevaux, tout doré, avec des laquais tout chamarrés, s'arrête devant l'arbre dont je faisais l'ornement. Un beau jeune homme s'élance (c'était le maître du carrosse), coupe la corde, il me dorlote, il me caresse, il me fait avaler quelque chose dont je ne sais pas le nom, mais qui était crânement bon tout de même...
— Oh ! le brave jeune homme ! s'écria Suzette. Et ensuite ?
— Ensuite, je rouvris un œil, puis l'autre, puis tous les deux à la fois... Alors, mon jeune homme me fit bavarder ; je lui racontai mon chagrin ; il me donna l'argent qu'il me fallait pour rembourser mon racoleur ; il me conseilla de ne plus me pendre ; il remonta dans son carrosse qui partit, et voilà...
— C'est bien drôle, tout ça ! dit Suzette.
— N'est-ce pas ?
— Ça ressemble presque aux histoires qu'on lit dans les beaux livres où il y a des contes de fées...
— De bonnes fées qui vous tirent d'embarras, comme l'a fait mon jeune homme, et qui continuent à vous protéger, comme il l'avait promis de le faire.
— Ah ! il avait promis cela ?
— Oui. Il ne m'a pas tenu parole.
— Il l'aura sans doute oublié !
— C'est plus que certain, et je le parierais volontiers.
— Et tu ne sais pas qui c'était ?
— C'était un grand seigneur, pour sûr, on ne pouvait s'y tromper, rien qu'à sa mise et à son carrosse... Je ne l'ai vu que quelques minutes, et cependant je parierais bien, si je le rencontrais jamais, le reconnaître du premier coup d'œil.

En ce moment, l'entretien de Suzette et de Baliveau fut interrompu d'une façon à laquelle ni l'un ni l'autre ne s'attendaient.

## CHAPITRE XI.

### L'inconnue.

Ici, nous empruntons, pour un moment, la forme de la comédie, qui nous semble mieux convenir à la situation que l'allure habituelle du roman.

### SCÈNE PREMIÈRE.

SUZETTE, BALIVEAU, UNE INCONNUE.

Suzette et Baliveau se sont rapprochés de plus en plus l'un de l'autre pendant le dialogue qui termine le précédent chapitre. — Au moment où ce dialogue touchait à sa fin, une jeune femme est entrée sans bruit par la porte du fond. — Cette jeune femme s'enveloppe avec soin dans les larges plis d'une mante grise, dont le capuchon est rabattu sur sa tête. — Son visage est caché par un de ces demi-masques de velours noir dont l'usage était si fréquent à l'époque que nous mettons en scène. — Ce masque n'a pas de barbe. — L'inconnue s'avance jusqu'auprès de Suzette, qui ne s'est point encore aperçue de sa présence. — Du bout du doigt, elle lui touche légèrement l'épaule.

SUZETTE, se retournant vivement et poussant un cri.

Oh !...

BALIVEAU, de même et avec frayeur.

Oh !...

L'INCONNUE.

Chut !...

SUZETTE.

Hein ?...

L'inconnue lui prend la main, et, sans prononcer une parole, l'amène doucement à l'écart.

SUZETTE, étonnée.

Qui êtes-vous, madame ? et que voulez-vous ?...

L'INCONNUE, soulevant son masque et le remettant aussitôt.

Regarde.

SUZETTE, avec joie.

Vous !...

L'INCONNUE, mettant le doigt sur ses lèvres.

Silence !...

SUZETTE, de plus en plus étonnée.

Ah !...

L'INCONNUE, montrant Baliveau.

Quel est ce garçon ?...

SUZETTE, naïvement.

C'est Baliveau.

L'INCONNUE, souriant.

Va pour Baliveau !... Eh bien ! éloigne Baliveau...

SUZETTE.

C'est facile.

L'INCONNUE, poursuivant.

Et fais en sorte que personne ne vienne nous surprendre ou nous interrompre... Il faut que je te parle...

SUZETTE.

Soyez tranquille...

L'INCONNUE.

Fais vite... le temps presse...

SUZETTE, à Baliveau.

Tu vas courir te mettre en sentinelle devant la grande porte, et, s'il arrivait quelqu'un, qui que ce soit, tu m'entends bien, tu viendrais me prévenir...

BALIVEAU, bas à Suzette.

Mais...

SUZETTE, vivement.

Mais, quoi ?...

BALIVEAU.

Je voudrais bien savoir...

SUZETTE, l'interrompant et avec impatience.

Rien !...

BALIVEAU.

Pourtant...

SUZETTE, frappant du pied.

Va vite!...

BALIVEAU.

J'y vole. (Sortant et regardant l'inconnue avec curiosité.) En voilà un de mystère!...

## SCÈNE II.

### SUZETTE, L'INCONNUE.

L'INCONNUE, à Suzette.

Nous sommes seules, à présent, n'est-ce pas?...

SUZETTE.

Seules, bien seules...

L'INCONNUE, se démasquant tout à fait.

Alors, chère Suzette, viens m'embrasser... viens donc vite!...

SUZETTE.

Oh! de tout mon cœur, allez!...

Elle se jette dans les bras de l'inconnue, qui la serre contre son cœur avec effusion.

L'INCONNUE, s'éloignant de deux ou trois pas et regardant Suzette.

Mais comme te voilà grandie, chère petite, et surtout embellie, depuis trois ans que je ne t'ai vue...

SUZETTE.

Je vous en dirais bien autant, madame la vicomtesse... si j'osais...

LA VICOMTESSE.

Et pourquoi n'oses-tu pas?... et pourquoi, surtout, ne m'appelles-tu plus, comme autrefois, ta petite sœur?...

SUZETTE, embarrassée.

Dame!...

LA VICOMTESSE.

Est-ce que je ne suis pas toujours ta bonne Mathilde, ta sœur de lait?...

SUZETTE.

Oh! bien sûr que si!...

LA VICOMTESSE.

Eh bien, puisque nos cœurs ne sont pas changés, que notre langage reste le même...

SUZETTE.

Oui, chère petite sœur...

LA VICOMTESSE.

A la bonne heure. Et, maintenant, dis-moi, ma mignonne, n'es-tu pas un peu étonnée de me voir ici?...

SUZETTE.

Vous voir ici, chère petite sœur, toute seule, sous ce costume, avec ce masque! C'est-à-dire que je ne puis en croire mes yeux!...

LA VICOMTESSE.

C'est pourtant moi, c'est bien moi. Et sais-tu pourquoi je viens?...

SUZETTE.

Non.

LA VICOMTESSE.

Je viens te demander un service...

SUZETTE.

Un service!... à moi?...

LA VICOMTESSE.

Oui, chère enfant, un service à toi...

SUZETTE.

Quel bonheur!... Mais comment pourrais-je?...

LA VICOMTESSE.

Tu vas voir. Depuis trois ans il s'est passé bien des événements dans ma vie...

SUZETTE.

Heureux, j'espère?...

LA VICOMTESSE.

Heureux les uns, tristes les autres. Tu en jugeras. Mais il faut d'abord que je te parle du passé, pour te faire comprendre le présent et l'avenir...

SUZETTE.

Je vous écoute de toutes mes oreilles!...

LA VICOMTESSE.

Tu te souviens qu'il y a trois ans (j'en avais quinze à peine) on me tira du couvent pour me marier au vicomte de Lucy?...

SUZETTE.

Qui avait quatre-vingts ans, une jambe de bois, des rhumatismes dans l'autre, et un œil de verre presque aussi laid que celui qui lui restait?... Si je m'en souviens?... Ah! je le crois bien!... Pauvre petite sœur, comme vous avez pleuré ce jour-là...

LA VICOMTESSE.

C'était ce qu'on appelle un mariage de raison...

SUZETTE.

Triste raison!... J'aimerais mieux une bonne folie!...

LA VICOMTESSE, souriant.

Prends garde, mignonne, cela mènerait loin ce que tu dis là! Revenons à moi. Je suis veuve...

SUZETTE, vivement.

Ah! tant mieux!...

LA VICOMTESSE, riant.

Merci!

SUZETTE.

J'ai peut-être tort de m'en réjouir, mais, que voulez-vous, c'est plus fort que moi!...

LA VICOMTESSE.

Je te pardonne de tout mon cœur. Mon mari mourut, il y a quinze mois, dans ses terres de Picardie, où nous vivions ensemble, et où, depuis le jour de mes noces, je remplissais le rôle un peu monotone de garde-malade; j'allai retrouver ma famille à Paris, et il y a tout au plus une semaine que je suis de retour au château de Lucy...

SUZETTE.

Chère petite sœur, vous m'avez parlé d'un service, et je ne vois pas trop encore...

LA VICOMTESSE.

Attends donc... Figure-toi, ma pauvre Suzette, que mes grands parents ont, comme tous les vieillards, les idées les plus extravagantes qui se puissent imaginer...

SUZETTE.

Et lesquelles donc? mon Dieu!

LA VICOMTESSE.

Ils prétendent, entre autres choses, que la liberté, à dix-huit ans, est dangereuse, et ils se sont mis dans la tête de me remarier...

SUZETTE.

Tiens !... tiens !... tiens !...

LA VICOMTESSE.

Qu'en dis-tu ?

SUZETTE.

Dame !... je dis que leur idée ne me paraît pas déjà si mauvaise...

LA VICOMTESSE.

Tu trouves ?

SUZETTE.

Ma foi ! oui.

LA VICOMTESSE.

Eh bien ! je ne suis pas de ton avis, petite, du moins quant à présent. Peut-être changerai-je d'avis quand j'aurai vu celui qu'on me destine...

SUZETTE.

Vous ne le connaissez pas encore ?

LA VICOMTESSE.

De nom seulement. Je dois t'avouer, d'ailleurs, qu'on dit qu'il est charmant...

SUZETTE.

Comment s'appelle-t-il ?...

LA VICOMTESSE.

Le marquis Raoul de Fontenailles.

SUZETTE, étonnée.

Ah ! par exemple, voilà qui est drôle !...

LA VICOMTESSE, vivement.

Tu le connais ?...

SUZETTE.

Je ne l'ai pas vu plus que vous, mais il est le propriétaire de cette maison, et c'est son intendant qui la loue à mon père.

LA VICOMTESSE.

Quel hasard étrange !...

SUZETTE.

Pas trop, petite sœur. Le marquis de Fontenailles est si riche qu'il n'y a peut-être pas un seul village dans ce pays où il n'ait quelque maison...

LA VICOMTESSE.

Il est, dit-on, quelque peu original...

SUZETTE.

Oh ! beaucoup... à ce qu'on dit.

LA VICOMTESSE.

Il a la plus mauvaise opinion des femmes.

SUZETTE.

Voyez-vous ça !...

LA VICOMTESSE.

Il ose douter de leur vertu !...

SUZETTE.

Faut-il qu'il soit bizarre !...

LA VICOMTESSE.

Et il paraît attacher une importance énorme à ce que celle qu'il épousera soit... inexpugnable !...

SUZETTE.

Le drôle d'homme !...

LA VICOMTESSE.

Instruit par sa famille du projet d'union dont je te parlais tout à l'heure, et sachant mon retour au château de Lucy, il a conçu un plan bien digne de lui, et qui m'a été révélé par suite de l'indiscrétion de l'un de ses gens.

SUZETTE.

Quel est ce plan, petite sœur ?

LA VICOMTESSE.

Il veut, avant de m'être présenté officiellement, m'observer incognito, me soumettre peut-être à des épreuves de sa façon...

SUZETTE.

L'insolent !...

LA VICOMTESSE.

Pareille chose, à ce qu'on assure, lui est arrivée plus d'une fois... et toujours, à la suite de ces expériences, il a rompu des mariages prêts à se faire. Bref, je sais, à n'en pouvoir douter, que, depuis quelques jours, il rôde aux environs de Lucy, et j'ai la certitude qu'aujourd'hui ou demain il viendra, toujours incognito, s'installer dans cette auberge, afin d'y établir son quartier général...

SUZETTE.

Mon Dieu ! que tout cela est singulier !...

LA VICOMTESSE.

Je trouve ce procédé souverainement inconvenant !

SUZETTE.

Vous avez bien raison !...

LA VICOMTESSE.

Et je médite une vengeance toute féminine...

SUZETTE.

Que prétendez-vous faire ?

LA VICOMTESSE.

C'est bien simple. Comme M. de Fontenailles, je vais m'installer ici...

SUZETTE.

Mais il vous reconnaîtra...

LA VICOMTESSE.

Comment fera-t-il ? il ne m'a jamais vue !

SUZETTE.

C'est juste. (Après un instant de réflexion.) S'il ne vous reconnaît pas, il vous devinera...

LA VICOMTESSE.

J'y mettrai bon ordre...

SUZETTE.

De quelle façon ?...

LA VICOMTESSE.

Tu vas le savoir. Mais, d'abord, viens plus près de moi, car pour rien au monde je ne voudrais qu'on nous entendît.

Suzette se rapproche, la vicomtesse lui parle tout bas pendant un instant.

SUZETTE, riant.

Tiens!... tiens!... tiens!... c'est une bien bonne idée que vous avez eue là, petite sœur...

LA VICOMTESSE.

N'est-ce pas? (Prêtant l'oreille.) Il me semble que j'entends du bruit... Taisons-nous...

SUZETTE, ouvrant une porte à gauche.

Voilà ma chambre; entrez toujours, je vais vous rejoindre aussitôt que j'aurai relevé de sa faction ce pauvre Baliveau.

LA VICOMTESSE, entrant.

Surtout, Suzette, pas un mot à qui que ce soit!

SUZETTE.

Ah! vous pouvez être tranquille!

La vicomtesse referme la porte.

## SCÈNE III.

SUZETTE, puis BALIVEAU.

SUZETTE, elle court à la porte du fond; elle ouvre cette porte et elle appelle:

Baliveau!... Baliveau!

BALIVEAU, depuis le dehors.

Hein?

SUZETTE.

Ici... tout de suite.

BALIVEAU, accourant.

Me v'là, mam'zelle Suzette, me v'là...

SUZETTE.

Tu ne sais pas, Baliveau?...

BALIVEAU.

Non, je ne sais pas,... mais je voudrais bien savoir...

SUZETTE.

Eh bien...

BALIVEAU, vivement.

Eh bien?

SUZETTE.

Figure-toi...

BALIVEAU.

Quoi donc?

SUZETTE.

Tu as vu cette dame tout à l'heure?

BALIVEAU.

Avec un masque?

SUZETTE.

Juste.

BALIVEAU.

Pardine!... certainement que je l'ai vue... c'est-à-dire son masque, pas sa figure...

SUZETTE.

Eh bien! cette dame, devine qui c'est...

BALIVEAU.

Que je devine?

SUZETTE.

Si tu peux.

BALIVEAU.

Je vas tâcher... (Se creusant la tête). Eh bien! c'est... c'est .. (Avec éclat.) La reine de France...

SUZETTE, haussant les épaules.

Animal!...

BALIVEAU.

La papesse Jeanne...

SUZETTE, riant.

Imbécile!...

BALIVEAU.

Tiens! tiens!... tiens!... (Après un moment de réflexion.) Tenez, mam'zelle Suzette, je donne ma langue aux carlins...

SUZETTE.

Tu renonces?

BALIVEAU.

Positivement.

SUZETTE.

Eh bien! idiot, cette dame, c'est ma sœur de lait...

BALIVEAU.

La dame du château qui est à une lieue d'ici?

SUZETTE.

Oui.

BALIVEAU.

La vicomtesse de Lucy?...

SUZETTE.

Elle-même.

BALIVEAU.

Et, dites donc, mam'zelle Suzette, qu'est-ce qu'elle vient faire chez vous comme ça, vot' sœur de lait?...

SUZETTE, baissant la voix.

Elle vient espionner son futur...

BALIVEAU, très-haut.

Son futur?

SUZETTE.

Chut!... tais-toi donc!

BALIVEAU, mettant des sourdines à sa voix.

Quel futur?

SUZETTE.

Le marquis de Fontenailles.

BALIVEAU.

Vot' propriétaire.

SUZETTE.

En personne.

BALIVEAU.

Oh! voilà qui est cocasse! (Réfléchissant.) Ah çà, mais, il est donc ici aussi, lui, le marquis?...

SUZETTE.

Non.

BALIVEAU.

Eh bien?

SUZETTE.

Il n'y est pas, mais il y viendra...

BALIVEAU.

Quand?

SUZETTE.

Je ne le sais pas au juste... Peut-être aujourd'hui, peut-être demain, peut-être dans trois jours...

BALIVEAU.

Et comment donc qu'elle fera, m'ame la vicomtesse de Lucy, vot' sœur de lait, mam'zelle Suzette, pour espionner le marquis sans qu'il s'aperçoive de la frime?...

SUZETTE.

Ah! voilà.

BALIVEAU, avec curiosité.

Voilà, quoi?

SUZETTE.

Chut!...

Elle fait le tour de la chambre sur la pointe des pieds, s'arrêtant auprès de chaque porte, et prêtant l'oreille afin de s'assurer que personne n'est aux aguets. — Baliveau la regarde faire avec étonnement. — Suzette revient à lui, et lui dit d'une voix basse et d'un air mystérieux :

Ecoute...

BALIVEAU.

Je suis tout ouïes...

Suzette lui parle bas pendant un instant, de même que la vicomtesse lui a parlé bas à elle-même à la scène précédente.

BALIVEAU, riant.

Ah! bah!... ah! bah!... ah! par exemple, en voilà une d'idée!... et une drôle!...

SUZETTE.

Elle est bonne, n'est-ce pas?...

BALIVEAU.

Bonne comme le bon pain...

SUZETTE, mettant un doigt sur sa bouche.

Surtout, pas un mot à qui que ce soit...

BALIVEAU.

Soyez tranquille, mam'zelle Suzette, je garderai le secret aussi bien que vous...

SUZETTE.

A la bonne heure...

## SCÈNE IV.

Les Mêmes, UN INCONNU.

La porte du fond s'ouvre, et un nouveau personnage fait son entrée dans l'auberge du *Soleil d'or*. — Ce personnage porte sur son épaule un petit paquet au bout d'un bâton. — Il est vêtu très-simplement, presque pauvrement, d'un costume de couleur sombre, pareil à celui des clercs de notaires et de procureurs.

L'INCONNU, entrant.

Ce doit être ici..

SUZETTE, à Baliveau.

Quelqu'un... silence...

BALIVEAU.

Suffit!...

L'INCONNU, à Suzette.

Bonjour, ma jolie fille!...

SUZETTE, faisant la révérence.

Votre servante, monsieur...

L'INCONNU.

Cette auberge est bien celle du *Soleil d'or*, n'est-ce pas, mon enfant?...

SUZETTE.

Oui, monsieur... Qu'y a-t-il pour votre service?...

L'INCONNU.

Beaucoup de choses... D'abord, tel que vous me voyez, j'arrive de Dijon tout d'une haleine...

SUZETTE.

A pied?...

L'INCONNU.

Mon Dieu, oui, à pied... Or, la course est longue, et il fait chaud, oh! mais, chaud à faire éclore des petits poulets sans l'aide de leur mère... Donc je suis très-fatigué, j'ai bien soif et j'ai grand'faim... Je voudrais une chambre, du vin frais et un déjeuner quelconque.

SUZETTE.

Rien de plus facile, monsieur... (A Baliveau.) Cours à la cave. (Baliveau sort.) — (A l'inconnu.) Que faut-il vous servir à déjeuner, monsieur?...

L'INCONNU.

Oh! la moindre des choses... un peu de pain et de fromage... l'essentiel, pour moi, voyez-vous, est que cela ne coûte pas bien cher...

SUZETTE, à part.

Pauvre garçon, il n'est pas riche!

L'INCONNU, riant.

Vous savez la vieille chanson, ma jolie fille, ses couplets seront toujours vrais... écoutez plutôt celui-ci qu'on croirait fait pour moi. (Il chante.)

Un clerc de la basoche,
Pauvre et portant son sac,
Doit consulter sa poche
Avant son estomac!...

Alors il se décide
Pour un repas frugal :
Quand l'une est presque vide,
L'autre se remplit mal !...

Or, j'ai frappé sur mon gousset, il a sonné le creux d'une manière effrayante, et ce vide profond me fait une impérieuse loi de la sobriété la plus lacédémonienne... ce qui, voyez-vous, ne me rend pas plus triste.

SUZETTE, à elle-même.

Il est vraiment charmant, ce jeune homme !... (A l'inconnu.) Je porte votre paquet là, dans la chambre à côté, qui sera la vôtre, monsieur, et je reviens à l'instant vous servir...

L'INCONNU.

Allez, allez, ma jolie fille. (Suzette sort par la droite.)

## SCÈNE V.

L'INCONNU, seul.

Cette petite est délicieuse !... Bien des marquises et des duchesses, et je dis des mieux en cour, envieraient à bon droit sa grâce et sa fraîcheur !...

Il fait deux ou trois tours dans la chambre et s'approche de la table devant laquelle il s'arrête pour y déposer son chapeau. — Apercevant la lettre écrite par Suzette et qui est restée sur cette table, il dit en riant :

Capédédious ! comme disent messieurs les Gascons, voici une épître d'une dimension peu ordinaire !... Je ne crois pas que ce soit un billet doux !...

Prenant la lettre et lisant l'adresse :

A MONSIEUR LE MARQUIS DE FONTENAILLES... — Ah ! par exemple !... voilà qui est plus que bizarre !... Est-ce qu'on se doutait ?... est-ce qu'on était prévenu ?... Mais, non, non, c'est impossible !.. complétement impossible !... (Continuant à lire l'adresse :) EN SON CHATEAU DE FONTENAILLES... — Ah ! je comprends tout, maintenant, cette lettre allait partir... (Gaîement.) Eh bien, la voilà arrivée... (Il brise le cachet et lit tout bas. — Après avoir lu la lettre.) Ma foi, j'arrive à propos...

Il déchire une des pages de son portefeuille et écrit rapidement quelques lignes. — Il plie ce papier en forme de billet et le met dans sa poche avec la lettre de Suzette. — On entend du bruit au dehors.

Du monde... il était temps.

## SCÈNE VI.

LE MARQUIS, SUZETTE, puis BALIVEAU.

SUZETTE, entrant.

Monsieur...

LE MARQUIS.

Ma belle enfant ?

SUZETTE.

Votre chambre est prête...

LE MARQUIS.

Et mon déjeuner ?

SUZETTE.

Le voilà...

Elle ouvre l'armoire, elle en tire un pain, un fromage, une assiette, un couteau et un verre, et elle pose le tout sur la table.

LE MARQUIS, qui l'a regardée faire en souriant.

Vous êtes charmante !

SUZETTE, faisant la révérence.

Monsieur est bien bon...

BALIVEAU, arrivant avec un panier rempli de bouteilles.

Voici le vin...

SUZETTE.

Mets-le là, dans ce coin. (Elle prend une bouteille qu'elle place sur la table.) Et vite, maintenant, cours porter au voiturier la lettre de mon père pour M. le marquis de Fontenailles.

LE MARQUIS, à part.

Aïe !... aïe !...

BALIVEAU.

J'y vas tout de suite. (Il s'approche de la table.) Tiens ! où donc qu'elle est ?

SUZETTE.

Quoi ?

BALIVEAU.

La lettre...

SUZETTE.

Est-ce qu'elle n'est pas là ?...

BALIVEAU.

Voyez plutôt...

SUZETTE.

C'est drôle... je croyais bien l'avoir posée sur cette table...

BALIVEAU.

Moi aussi.

SUZETTE.

Ah ! j'y pense... il est probable que mon père l'aura emportée par mégarde...

BALIVEAU.

C'est bien possible tout de même...

SUZETTE.

Cours après lui, et dépêche-toi...

BALIVEAU.

J'y vole... (Il sort très-doucement.)

SUZETTE, à part.

Et madame la vicomtesse qui m'assure que M. le marquis n'est plus à son château !... Cette lettre ne le trouvera pas !... Mon Dieu !... mon Dieu !... pourvu qu'il vienne ici avant trois jours ! (Elle pleure et s'essuye les yeux.)

LE MARQUIS, allant à elle.

Comment, ma jolie fille, vous pleurez ?

SUZETTE, vivement.

Mais non...

LE MARQUIS.

Mais si!... et la preuve, tenez, c'est que voici encore une larme qui roule comme une perle charmante sur le satin rosé de votre joue...

SUZETTE.

Ah! c'est que j'ai bien du chagrin, monsieur, voyez-vous...

LE MARQUIS, souriant.

De gros chagrins?...

SUZETTE.

Enormes!...

LE MARQUIS.

D'amour, n'est-ce pas?..

SUZETTE, avec un geste naïf.

Ah! Dieu, non!

LE MARQUIS.

Qu'est-ce donc, alors?...

SUZETTE.

Mais, monsieur...

LE MARQUIS.

Mon Dieu, je suis indiscret, mademoiselle, je le sais, je le sens, et je vous supplie de me pardonner cette indiscrétion ; mais c'est que, voyez-vous, vous m'inspirez un intérêt si vif, je serai si heureux de vous être utile...

SUZETTE.

Et de quelle façon pourriez-vous m'être utile, monsieur, je vous prie?

LE MARQUIS.

Par mes conseils, mademoiselle...

SUZETTE, soupirant.

Vos conseils... hélas! ce ne sont pas des conseils qui pourraient nous tirer d'embarras...

LE MARQUIS.

Qui sait?...

SUZETTE, interrompant le marquis.

Vous oubliez, monsieur, que votre déjeuner est servi...

LE MARQUIS, à lui-même, souriant, après avoir salué Suzette.

Allons!... repoussé avec perte!... (On entend fredonner au dehors.)

Dans les gardes-françaises,
J'avais un amoureux...

SUZETTE, vivement.

Ah! voilà M. Tircis...

LE MARQUIS, étonné.

Tircis!... Qu'est-ce que c'est que ça?...

SUZETTE.

Vous allez voir.

LE MARQUIS, à part.

Franchement, je suis curieux de connaître le propriétaire de ce nom pastoral...

## SCÈNE VII.

Les Mêmes, TIRCIS.

Tircis fait son entrée d'une façon bruyante. — Il est vêtu d'un costume très-original, tout à la fois italien, espagnol et français, mais fané et montrant la corde. — Il est coiffé d'un feutre à larges bords, orné d'un vieux galon d'argent et d'une plume rose en fort mauvais état. — De la main droite il tient une boîte à couleurs, et sous son bras gauche il porte une toile blanche clouée sur un châssis.

TIRCIS.

Ah! vertuchoux... convenons-en, Suzette, l'espèce humaine est, dans cette province, du mauvais goût le plus achevé!...

LE MARQUIS, à part.

Quel singulier original!...

SUZETTE.

Qu'est-ce que vous avez donc, monsieur Tircis?... Vous semblez furieux!

TIRCIS.

Ce que j'ai, Suzette, mes amours?... O ma déesse, vous allez le savoir; mais avant tout, fille des Grâces, permettez que je vous embrasse... (Il lui prend la taille.)

SUZETTE, se dégageant.

Mais, finissez donc!...

TIRCIS.

Pourquoi?

SUZETTE.

La question est plaisante!... Vous voyez bien qu'il y a là quelqu'un...

TIRCIS.

Peu m'importe!...

SUZETTE.

Comment?...

TIRCIS.

Oui, que ceux qui ne sont pas contents ferment les yeux ou s'en aillent...

SUZETTE.

D'ailleurs ces familiarités-là ne me plaisent pas le moins du monde...

TIRCIS.

Cousine germaine de Cupidon, ceci est une petite redevance quotidienne que je tiens énormément à vous payer exactement. (Il l'embrasse.)

SUZETTE, moitié riant, moitié fâchée.

Il n'en aura pas eu le démenti!...

TIRCIS, avec un geste comique.

Un démenti, à moi? Jamais!...

SUZETTE.

Eh bien! maintenant, dites-moi pourquoi vous aviez en entrant une mine si colère...

TIRCIS.

Sœur cadette de Vénus, tous vos vignerons bourguignons sont des oisons, passez-moi le mot...

SUZETTE.

Que vous ont-ils donc fait aujourd'hui?

TIRCIS.

Ils m'ont fait aujourd'hui, parbleu!... ce qu'ils me font tous les jours!... ni plus ni moins, et c'est bien assez...

SUZETTE.

Mais, enfin?...

TIRCIS.

Ils refusent de me confier la reproduction de leur disgracieuse image... Ils ont peur que je ne les fasse plus laids que nature... comme si c'était possible!...

SUZETTE.

Le fait est qu'ils ne sont pas beaux!...

TIRCIS.

Dites qu'ils sont hideux!... Mais ce n'est pas tout... écoutez...

SUZETTE.

Quoi donc encore?

TIRCIS.

A force de pas, que je n'hésite point à qualifier d'innombrables, à force de démarches, que j'appellerai gigantesques, j'avais fini par trouver un indigène, petit et gros, rouge de trogne et le nez couvert de rubis, qui s'était décidé à recourir à mon talent. J'étais enchanté, le maroufle m'avait dit hier au soir :

« — Venez chez moi demain, de bon matin...
« — Pour commencer votre portrait?...
« — Ce n'est pas moi que vous aurez à peindre...
« — Qui donc ?
« — Ce que j'ai de plus cher au monde. »

Cette réponse ambiguë redoubla ma joie; je me mis en tête que mes pinceaux allaient tracer l'image de la compagne ou de la fille du butor, quelque tendre blonde ou quelque brune gracieuse et piquante... Bref, je dispose pour ce chef-d'œuvre des couleurs dignes de l'Albane, le gracieux peintre de Cythère; de la nuit tout entière je ne ferme pas l'œil; à l'heure dite, j'arrive, ou plutôt j'accours... je réclame mon modèle... il paraît à la fin...

LE MARQUIS.

Et c'était?...

TIRCIS.

Devinez.

LE MARQUIS.

Je ne puis.

TIRCIS.

Monsieur, c'était son âne!...

LE MARQUIS, riant.

Son âne !...

SUZETTE, de même.

Son âne!...

TIRCIS.

Oui!... son âne!... Riez donc, sans-cœur!...

LE MARQUIS, riant toujours.

Je conçois, en effet, que pour un peintre déjà célèbre, sans doute...

TIRCIS, l'interrompant.

Célèbre!... oui, monsieur... je m'en pique, et c'est à bon droit.. je cultive, avec des succès assez scintillants, l'art sublime de Rubens, de Véronèse et du Titien... J'excelle dans les sujets gracieux, ma palette est naturellement galante et mythologique; la peinture anacréontique est mon fort, et j'aime à reproduire, sous l'ombre d'une gaze transparente, les amoureuses peccadilles et les faiblesses adorables des belles pécheresses du vieil Olympe.

LE MARQUIS.

Quel feu, monsieur!... quel enthousiasme!...

TIRCIS.

Je ressemble à la salamandre, monsieur, le feu, c'est mon élément...

LE MARQUIS.

Vous venez de voyager, sans doute?...

TIRCIS.

Parbleu!

LE MARQUIS.

Dans quelles contrées?...

TIRCIS.

L'Italie et l'Espagne, ces deux patries classiques des arts et des amours, ont accueilli mes pas aventureux... J'ai foulé d'un pied leste leur sol hospitalier, léger d'argent, mais riche de cette monnaie dont le cœur est la bourse... Ne déjeunant pas tous les jours, me couchant parfois sans souper, mais plaisant à toutes les femmes!... Oh! les *fâmes!*... les fâmes, monsieur!... Si je ne craignais de vous paraître fat, je me livrerais aux comparaisons les plus mythologiques à l'endroit de toutes celles qui m'ont voulu du bien!... Oh! les arts et l'amour, monsieur, voilà la vie!...

LE MARQUIS.

C'est bien celle, du moins, d'un véritable artiste...

TIRCIS.

*Per Bacco!...* vous avez raison, jeune homme, et je vous accorde mon estime, quoique vous portiez l'uniforme détesté de la basoche.

LE MARQUIS, riant.

Vous êtes bien bon...

TIRCIS.

Non, parole d'honneur! vous me plaisez... (Lui tendant la main.) Touchez là!...

LE MARQUIS.

Bien volontiers.

TIRCIS.

Vous vous appelez!...

LE MARQUIS.

Philoctète Germinot, deuxième clerc chez maître Nestor-Robuste-Gédéon Baudruche, procureur à Dijon...

TIRCIS.

Moi, je réponds au doux nom de Tircis... Joli et original, n'est-ce pas?

LE MARQUIS.

Oui, charmant.

TIRCIS.

Enchanté qu'il vous plaise... Quant à mon histoire, on peut la raconter en quatre mots : figurez-vous... mais, au fait, ce que j'avais à vous dire, j'aime mieux vous le chanter...

LE MARQUIS.

Le chanter?... comment?... vous chantez donc?

TIRCIS.

Je fais de tout, et j'adore le macaroni...

LE MARQUIS, riant.

Le macaroni?... quel rapport?

TIRCIS.

Voilà : sous le ciel nonchalant de Naples l'indolente, j'admirais les lazzaroni, tous un peu poëtes, comme vous savez, et insensés du parmesan fondu... A force de déguster l'un et d'envier les autres, je suis devenu improvisateur, et voici quelques couplets que j'ai improvisés... à loisir... (Il chante.)

    Je suis artiste,
    Et rien n'attriste
Les rêves d'or de mon large avenir.
    Je suis artiste,
    J'ai fait la liste
Des cent bonheurs de mon gai souvenir.

Ce fut d'abord dans la brune Italie;
Une comtesse au regard enivrant
M'expédia camériste jolie,
Qui me remit un billet doux charmant.
    Faut il vous dire
    Que mon martyre
Ne fut pas long, non plus que son amour?
    Sans un sourire,
    Puis-je médire?...
J'étais heureux avant la fin du jour...

J'eus des duels autant que des caresses...
Effroi, partout, des amants, des époux ;
Aux grands seigneurs je volais leurs maîtresses,
S'ils se plaignaient, je leur rendais!... des coups !

    D'une Espagnole
    Je fus l'idole;
Au rendez-vous, un soir, j'arrivai tard,
    Mon Andalouse
    Etait jalouse,
Et m'accueillit par un coup de poignard.

Adieu, maris, adieu, femmes coquettes,
Oubliez-moi !... mes pas sont vagabonds !
De mon Paris j'aime mieux les grisettes,
Et je reviens danser aux Porcherons...

    Comme Joconde,
    J'ai vu le monde,
Et me voici, plus heureux que le roi,
    Las du voyage,
    Mais pas plus sage :
Pauvre et joyeux !... l'avenir est à moi !...

SUZETTE, avec admiration.

Quel homme !...

TIRCIS.

Mais c'est assez causer !... Suzette, mes amours, ma nuit d'insomnie et ma course matinale m'ont donné un furieux appétit... que votre main blanche et potelée condescende à me servir une nourriture saine, abondante, et largement arrosée d'un de ces jolis petits vins qui font tant d'honneur à la cave du père Bazu...

SUZETTE.

C'est facile ..

TIRCIS.

Mais d'abord...

SUZETTE.

Quoi?

TIRCIS.

Voilà...

(Il la prend par la taille et l'embrasse de nouveau.)

SUZETTE, se débattant.

Dites donc, monsieur Tircis, pour la dernière fois, est-ce que vous n'allez pas bientôt finir?...

TIRCIS, l'embrassant toujours.

Jamais !... jamais !... jamais !...

BAZU, en dehors.

Suzette !... Suzette!

SUZETTE, poussant un petit cri.

Ah !... mon père...

TIRCIS, la lâchant.

Le père !... diable !... (A Suzette.) Naïve bachelette, je reporte en mon gîte ces nobles attributs d'un art qu'un rustre voulait profaner... Songez à mon déjeuner, je vous donne un demi-quart d'heure.

(Il prend sa boîte à couleurs et sa toile, et sort par une porte latérale.)


## SCÈNE VIII.

SUZETTE, BAZU.

BAZU, il entre précipitamment, tout haletant, tout hors de lui-même. — en traîne Suzette sur le devant de la scène.

Grande nouvelle !... mon enfant !... grande nouvelle !...

SUZETTE.

Quoi? qu'est-ce? qu'y a-t-il?

BAZU.

Il est ici !...

SUZETTE.

Qui?

BAZU.

Lui...

SUZETTE.

Lui !... qui?

BAZU.

Le marquis.

SUZETTE, stupéfaite.

Le marquis de Fontenailles?...

BAZU.

Oui, ma fille.

SUZETTE.

Vous croyez?...

BAZU.

J'en suis sûr!... il est dans ce village.

SUZETTE.

Ah!...

BAZU.

Et, bien plus, il est dans notre auberge...

SUZETTE.

Bah!...

BAZU.

C'est comme ça.

SUZETTE.

Comment le savez-vous?...

BAZU.

De la façon du monde la plus simple...

SUZETTE.

Dites donc... dites vite!...

BAZU.

Le tabellion, qui connaît le marquis et que je viens de rencontrer, enfourchant son bidet pour aller dresser un acte à quatre lieues d'ici, m'a crié en passant qu'il venait de voir M. de Fontenailles entrer chez nous, et si bien déguisé que c'était à ne pas le reconnaître...

SUZETTE.

Voyez-vous ça!...

BAZU.

Suzette... mon enfant, il s'agit de nous éclairer.

SUZETTE.

Éclairons-nous.

BAZU.

Quels sont les derniers voyageurs que l'hôtel du *Soleil d'or* a reçus?...

SUZETTE.

Il n'y en a que deux.

BAZU.

Lesquels?

SUZETTE.

M. Tircis et un basochien.

BAZU.

Où est-il, ce basochien?

SUZETTE, désignant le marquis.

Le voilà qui déjeune...

BAZU.

Que consomme-t-il?

SUZETTE.

Du pain et du fromage.

BAZU.

Du pain et du fromage!... peuh!... ce n'est point un déjeuner de marquis, cela... mais alors, qui donc!... (réfléchissant.) Si c'était... Ah!... quelle idée... mais, oui, ce doit être l'autre...

SUZETTE.

Quel autre?

BAZU.

Pardieu!... comme s'il y avait le choix?... le soi-disant peintre...

SUZETTE.

M. Tircis?

BAZU.

C'est toi qui l'as nommé!...

SUZETTE, riant.

Quelle folie!...

BAZU.

Pas si folle!... remarque donc, mon enfant...

SUZETTE.

Quoi?

BAZU.

D'abord il a des façons de parler comme personne n'en a; les trois quarts du temps, avec ses Nymphes et ses Divinités, on ne comprend pas un mot de ce qu'il veut dire?...

SUZETTE.

Ça, c'est vrai...

BAZU.

Ensuite, il fait ici une dépense *conséquente*.

SUZETTE.

C'est encore vrai...

BAZU.

Et il ne la paye pas, notons ce point-ci... Plus marquis que jamais!...

SUZETTE.

Vous m'ouvrez les yeux!...

BAZU.

Tu es convaincue?

SUZETTE, avec éclat.

Que trop!... ah! le monstre!...

BAZU.

Le monstre!... qu'est-ce que tu dis?...

SUZETTE.

Je dis que c'était une infamie à lui, puisqu'il est marquis, de passer son temps à me faire la cour et à m'embrasser...

BAZU.

Il t'embrassait?

SUZETTE.

Du matin au soir.

BAZU.

Le scélérat!...

SUZETTE.

L'indigne!...

BAZU.

Ça m'ouvre les yeux de rechef! il se faisait payer le droit du seigneur!...

SUZETTE.

Plus de doute!...

BAZU.

Plus le moindre doute!... Nous logeons le marquis depuis huit jours.

SUZETTE.

Qui s'en serait douté?...

BAZU.

Pas moi!...

SUZETTE.

Je vais lui arracher les yeux!...

BAZU.

Par exemple... un homme à qui je dois quatre termes... il faut, au contraire, le traiter avec les plus grands égards, sans cependant avoir l'air de le connaître...

SUZETTE.

Ah! si vous ne lui deviez pas quatre termes!

BAZU.

Oui, si... mais je les lui dois...

SUZETTE.

Hélas!...

BAZU.

Où est-il logé, ce marquis?

SUZETTE.

Dans le cabinet vert.

BAZU.

Un cabinet de quatre pieds carrés!... quelle petitesse...

SUZETTE.

Où faut-il le mettre?

BAZU.

Dans la chambre jaune.

SUZETTE.

Impossible.

BAZU.

Pourquoi?

SUZETTE.

Parce que je viens de la donner, la chambre jaune...

BAZU.

A qui?

SUZETTE.

Au basochien.

BAZU.

Eh! tu la lui reprendras, voilà tout... la belle affaire, en vérité! N'allons-nous pas mettre des mitaines pour parler à un quidam qui déjeune avec du pain et du fromage...

SUZETTE.

Pauvre garçon, ce n'est pas sa faute s'il n'est pas riche.

BAZU.

Eh! ce n'est pas la mienne si l'autre est marquis. Voyons, fais vite, moi je vais aller à la cuisine préparer un déjeuner d'un joli style, et surtout motus! (Il sort.)

## SCÈNE IX.

Les Mêmes, excepté BAZU; BALIVEAU, arrivant par le fond.

BALIVEAU.

Mam'zelle Suzette? mam'zelle Suzette?

SUZETTE.

Eh bien!

BALIVEAU.

Avez-vous vu vot' père?

SUZETTE.

Qu'est-ce que tu lui veux?

BALIVEAU.

C'est pour la lettre...

SUZETTE.

Eh! il s'agit bien de la lettre, à présent...

BALIVEAU, stupéfait.

Tiens! tiens! tiens!

SUZETTE.

Ecoute ici, Baliveau... (Lui parlant bas.) Va dans la chambre jaune, prends le paquet du clerc de procureur et apporte-le ici...

BALIVEAU.

Pourquoi donc ça?

SUZETTE.

Ça ne te regarde pas.

BALIVEAU.

C'est juste.

SUZETTE.

Fais ce que je te dis, et dépêche-toi.

BALIVEAU.

Je m'y précipite, mam'zelle Suzette... (Il sort très-doucement.)

SUZETTE, s'approchant du marquis.

Dites donc, monsieur...

LE MARQUIS, quittant la table.

Que me voulez-vous, ma jolie fille?

SUZETTE.

Vous n'êtes pas dans cette auberge pour longtemps, n'est-ce pas?...

LE MARQUIS.

Je serais en vérité fort en peine de vous répondre... je suis ici pour deux heures peut-être, mais peut-être aussi pour huit jours...

SUZETTE.

Ah! tant pis!...

LE MARQUIS.

Comment! tant pis?

SUZETTE.

Oui.

LE MARQUIS.

Mais, pourquoi?

SUZETTE.

Ah! c'est que... c'est que...

LE MARQUIS.

Eh bien?

SUZETTE.

Eh bien, c'est qu'on vous avait mis dans la chambre jaune, la plus belle de la maison..

LE MARQUIS, souriant.

Il n'y a pas de mal à cela...

SUZETTE, très-embarrassée.

Mon Dieu, monsieur, c'est ce qui vous trompe... Il faudra vous contenter d'un petit cabinet... j'en suis bien fâchée, allez... mais nous ne pouvons pas faire autrement...

LE MARQUIS.

Ah çà, mais vous avez donc un grand personnage à loger?

SUZETTE.

Mon Dieu, oui.

LE MARQUIS.

Et pourrais-je, sans indiscrétion, vous demander le nom de ce nouveau venu qui me chasse ainsi de mon gîte?...

SUZETTE.

C'est Tircis...

LE MARQUIS, riant.

Tircis!... vous moquez-vous de moi?

SUZETTE.

Me moquer de vous!... par exemple!...

LE MARQUIS.

Enfin, expliquez-moi comment il se peut faire que ce peintre râpé?...

SUZETTE.

Il n'est pas plus peintre que vous...

LE MARQUIS.

Qu'est-il donc?

SUZETTE.

Il est marquis.

LE MARQUIS, stupéfait.

Marquis!...

SUZETTE.

Mon Dieu, oui.

LE MARQUIS.

Raillez-vous?

SUZETTE.

Je n'ai, de ma vie, parlé plus sérieusement.

LE MARQUIS.

Et quel est, s'il vous plaît, le marquisat de ce gentilhomme?...

SUZETTE.

Vous n'en direz rien à personne, au moins?...

LE MARQUIS.

Je vous le promets.

SUZETTE.

Eh bien, c'est le marquis de Fontenailles.

LE MARQUIS.

Vous dites?...

SUZETTE.

Je dis : le marquis de Fontenailles.

LE MARQUIS.

Par exemple! voilà qui est fort!...

SUZETTE.

N'est-ce pas?... un gueux qui avait la petitesse de me faire la cour, et à qui j'arracherais les yeux... s'il n'était le propriétaire de papa!...

LE MARQUIS, riant.

Décidément, à cela il n'y a rien à répondre; et puisque vous logez un si puissant seigneur, je me résigne et je déménage...

SUZETTE.

Vous voyez bien, monsieur, qu'il n'y a pas de ma faute...

LE MARQUIS.

Oh! je vous rends toute justice... et je vais chercher mon paquet.

SUZETTE, l'arrêtant.

Ce n'est pas la peine... Voici Baliveau qui vous l'apporte... (A part.) Courons rejoindre ma sœur de lait, et la prévenir de tout ce qui se passe...

(Elle sort par la porte qui conduit à sa chambre.)

## SCÈNE X.

LE MARQUIS, BALIVEAU.

LE MARQUIS.

La piquante aventure!... le singulier imbroglio!... jusqu'à

présent je n'y comprends rien ; mais qu'importe, cela n'en est pas moins fort amusant !

*Baliveau sort de la chambre où il est allé chercher le paquet du marquis, et, pour la première fois, se trouve face à face avec ce dernier.*

BALIVEAU.

Voilà vos z'hardes, monsieur...

*Il regarde le marquis, pousse un cri, laisse tomber le paquet, et fait un geste de stupéfaction.*

Ah ! grand Dieu !...

LE MARQUIS.

Quoi donc ?...

BALIVEAU.

Monsieur !...

LE MARQUIS.

Eh bien ?...

BALIVEAU.

Vous ne me reconnaissez pas ?...

LE MARQUIS.

Non..

BALIVEAU.

C'est pourtant moi-même...

LE MARQUIS, riant.

Je n'ai jamais dit le contraire...

BALIVEAU.

Monsieur, vous m'avez déjà vu...

LE MARQUIS.

C'est possible, mais où et quand ?...

BALIVEAU.

Quand ? il y a un an. Où ? sous un grand arbre, à un petit quart de lieue d'ici...

LE MARQUIS.

Il y a un an !... sous un grand arbre ! Et qu'y faisais-tu, mon garçon ?...

BALIVEAU.

J'étais pendu...

LE MARQUIS.

Pendu !.. Comment, c'était ?...

BALIVEAU.

C'était moi qui gigottais au bout d'une corde, quand vous êtes venu et quand vous m'avez décroché... Vous souvenez-vous à présent ?...

LE MARQUIS.

Oui, pardieu, et je suis enchanté de te revoir, mon pauvre ami...

BALIVEAU, avec exaltation.

Et moi donc, et moi donc !... Est-ce que vous vous figurez que je ne le suis pas, enchanté, transporté, enthousiasmé !... si, monsieur !... si, momsieur... et ma reconnaissance déborde à la fin...

LE MARQUIS.

Tu parles de reconnaissance ?...

BALIVEAU.

J'en parle.

LE MARQUIS.

Veux-tu me la prouver ?...

BALIVEAU.

Grand Dieu !... ah ! oui, que je le veux !... ah ! oui, que je ne demande pas mieux !... Qu'est-ce qu'il faut faire pour ça ?

LE MARQUIS.

Te taire...

BALIVEAU.

Me ?...

LE MARQUIS, *mettant un doigt sur sa bouche.*

Oui.

BALIVEAU.

Suffit !... fixe et immobile ! muet comme une carpe... frite...

LE MARQUIS.

Ce n'est pas tout.

BALIVEAU.

Tant mieux.

LE MARQUIS.

Tu es garçon d'auberge ?...

BALIVEAU.

C'est mon état... j'ai débuté par être tourne-broche, je remplaçais un caniche défunt.

LE MARQUIS.

Tu dois être curieux !...

BALIVEAU.

Eh !... eh !...

LE MARQUIS.

Sois franc.

BALIVEAU.

Eh bien ! oui, je le suis... un peu...

LE MARQUIS.

Et bavard ?

BALIVEAU.

Également.

LE MARQUIS.

Fort bien.

BALIVEAU.

Ah ! ça vous contente ?...

LE MARQUIS.

Beaucoup.

BALIVEAU, à lui-même.

Allons, il n'est pas difficile !..

LE MARQUIS.

Tu dois savoir tout ce qui se passe dans le pays, à trois lieues à la ronde ?..

BALIVEAU.

A quatre, monsieur, à quatre !...

LE MARQUIS.

Eh bien! mon ami, as-tu entendu parler quelquefois de la vicomtesse de Lucy?

BALIVEAU.

Ah! c'te bêtise!... si j'ai entendu parler de m'ame la vicomtesse, de la sœur de lait de Suzette?... Oui, monsieur, j'en ai entendu parler plus de vingt-sept fois...

LE MARQUIS, très-étonné.

La sœur de lait de Suzette !...

BALIVEAU.

Suzette et m'ame la vicomtesse ont tété à la même bouteille, c'est connu... Et d'ailleurs elle pourra bien vous le dire elle-même, m'ame la vicomtesse, si vous le voulez, et pas plus tard que tout de suite, car elle est ici..

LE MARQUIS.

Ici?... Qu'est-ce que tu dis?...

BALIVEAU.

Au fait, qu'est-ce que je dis?... Je dis ce que je ne devrais pas dire, puisque c'est un secret...

LE MARQUIS.

Explique-toi.

BALIVEAU.

Oh! que nenni!...

LE MARQUIS.

Pourquoi donc?

BALIVEAU.

Suzette m'a fait jurer que je ne le répèterais pas, ce secret...

LE MARQUIS.

Ainsi, tu refuses de me le confier?...

BALIVEAU.

Positivement.

LE MARQUIS, d'un air blessé.

A moi, qui t'ai sauvé la vie!... à moi, qui croyais tout à l'heure encore à ta reconnaissance éternelle!... Ah! je n'attendais pas cela de toi, Baliveau!...

BALIVEAU, désolé.

Mais vous avez raison, monsieur... mais ça serait une monstruosité que je vous refuse quelque chose... Aussi, tant pis,.. je vais vous dire le secret.

LE MARQUIS.

A la bonne heure...

BALIVEAU.

Donc, figurez-vous que m'ame la vicomtesse de Lucy est chez nous depuis deux heures *incoquenito*, comme dit Suzette, et qu'en ce moment même...

LE MARQUIS.

Eh bien?... en ce moment?...

BALIVEAU, tout bas.

Chut!

Il fait le tour de la chambre sur la pointe des pieds, s'arrêtant auprès de chaque porte et prêtant l'oreille afin de s'assurer que personne n'est aux aguets. — Le marquis le regarde faire avec étonnement. — Baliveau revient à lui, et lui dit d'une voix basse et d'un air mystérieux.

Ecoutez...

LE MARQUIS.

Parle...

Baliveau lui parle bas pendant un instant, de même que la vicomtesse a parlé bas à Suzette, et Suzette à lui-même.

LE MARQUIS, riant.

Ah!... ah!... ah!...

BALIVEAU.

Qu'en dites-vous?...

LE MARQUIS.

L'idée n'est pas précisément neuve, mais elle est ingénieuse.

BALIVEAU.

Songez que c'est un grand secret... Pas un mot à qui que ce soit !

LE MARQUIS.

Sois tranquille, je serai discret... comme toi...

BALIVEAU, satisfait.

Très-bien...

LE MARQUIS.

Maintenant, mon garçon, le moment est venu de me prouver cette reconnaissance que tu me jurais tout à l'heure.

BALIVEAU.

N'importe, qu'est-ce, ça va-t-être fait...

LE MARQUIS.

Eh bien! souviens-toi de ceci : à partir de ce moment, ni par un mot, ni par un geste, ne témoigne que tu me connais... ne t'étonne de rien, si étonnantes que te semblent les choses qui se passeront sous tes yeux, et enfin...

BALIVEAU.

Enfin ?

LE MARQUIS, déchirant une page de son portefeuille et écrivant quelques lignes.

Et enfin, mon garçon, porte ce billet à son adresse...

BALIVEAU, prenant le billet.

Je m'y précipite!... (Il sort très-lentement.)

LE MARQUIS, seul.

Et maintenant, maintenant que, connaissant vos ruses de guerre, je puis les combattre à armes égales, à nous deux, madame la vicomtesse!... à nous deux!...

## CHAPITRE XII.

### Les sœurs de lait.

Au moment précis où le marquis Raoul de Fontenailles venait de prononcer les derniers mots du court monologue qui termine le chapitre précédent, l'honorable Nicolas Bazu rentrait dans la salle commune.

L'excellent aubergiste du *Soleil d'or* avait fait subir à son costume une modification importante.

Un bonnet de coton blanc couvrant sa tête, et un tablier d'une blancheur éclatante ceignant magistralement son large abdomen, décelaient le cuisinier d'un ordre supérieur.

Les joues de Bazu étaient écarlates.

On voyait qu'il venait de subir le feu des fourneaux.

Son front rayonnait d'orgueil.

La conscience de son mérite éclatait dans ses regards satisfaits.

Il portait plusieurs plats creux en faïence, soigneusement couverts, et desquels s'échappait la plus appétissante odeur.

Et, tout en s'avançant, il se parlait à lui-même.

Les paroles qu'il s'adressait peuvent se formuler à peu près ainsi :

— Allons! voilà qui est fait... et bien fait, foi de Bazu!... Je crois pouvoir me flatter, sans faire preuve d'une vanité trop grande, que monsieur le marquis appréciera mes talents culinaires !

Puis l'aubergiste déposa sur la table les plats qu'il apportait, et appela :

— Suzette ! Suzette !

— Oui, mon père, oui... répondit la jeune fille depuis le dehors.

— Allons donc, petite, allons donc...

— J'arrive...

— Tu vois bien que j'attends pour servir le déjeuner.

La porte de la chambre de la jolie Bourguignonne s'ouvrit aussitôt, et Suzette apparut sur le seuil.

Mais elle n'était pas seule.

La vicomtesse l'accompagnait.

Madame de Lucy était déguisée en paysanne.

Elle portait avec une grâce incomparable la jupe à raies blanches et roses, le caraco des dimanches et le plus beau bonnet de Suzette.

Sous ce costume rustique, mais coquet, elle était plus jolie que nous ne saurions dire.

— Nous voici, fit Suzette en entrant.

— Nous ? qui ça nous ? demanda Bazu en se retournant brusquement, dans la surprise que lui causait l'emploi de ce pluriel inusité.

Il aperçut la vicomtesse, et ses yeux clignotants et sa bouche entr'ouverte exprimèrent la plus complète stupéfaction.

Suzette jouissait de son étonnement.

— Hein ? s'écria-t-il au bout d'une minute. Que signifie ?...

Suzette lui coupa la parole.

Elle s'approcha de lui rapidement, se haussa sur la pointe des pieds pour atteindre à l'oreille de son père, et lui dit quelques mots tout bas.

L'expression de la figure de Bazu changea aussitôt.

Sa grosse figure s'épanouit d'une façon excessive.

Il hocha de la tête à plusieurs reprises, comme pour exprimer une adhésion complète à ce que Suzette venait de lui apprendre.

Puis il s'écria d'une voix sonore :

— Ah ! très-bien !... très-bien !... très-bien !...

Et enfin il déposa sur la table, vivement et sans l'aide de personne, ses plats de faïence à l'odeur appétissante.

La vicomtesse, un peu embarrassée de sa personne dans le premier moment, promenait tout autour de la salle un regard curieux et investigateur.

Le marquis l'observait à la dérobée et se disait tout bas :

— C'est elle!...

Suzette rejoignit madame de Lucy.

— Eh bien ! lui demanda cette dernière à demi voix. Eh bien, est-il là ?...

— Pas encore, petite sœur, répondit Suzette du même ton.

Et le marquis, continuant son aparté, ajoutait dans son for intérieur :

— Diable !... elle est bien jolie, plus jolie encore qu'on ne me l'avait dit et que je ne croyais...

Un nouvel incident vint modifier la situation de nos personnages.

On entendit la voix de Tircis fredonner dans la pièce voisine l'éternel refrain de la chanson des gardes-françaises et l'artiste ouvrit brusquement la porte en s'écriant :

— Eh bien ! Suzette, nymphe de Cythère, où est ce déjeuner que vous m'avez promis ? Mon estomac me crie que le demi-quart d'heure est passé !

Suzette, au lieu de répondre, dit tout bas à la vicomtesse :

— Le voilà, le monstre !

— Lui !... murmura madame de Lucy.

— N'est-ce pas qu'il est bel homme ? poursuivit la paysanne.

— Quel bizarre costume.

— C'est pour mieux se déguiser.

— Quelle étrange tournure !

— Je lui trouve, moi, très-bonne façon...

Tircis, tandis que ces quelques phrases s'échangeaient à voix basse entre les deux jeunes femmes, avait regardé tout le monde, et, voyant que Suzette ne lui répondait point, reprit :

— Eh bien ! eh bien !... et ce déjeuner ?...

Bazu prit à la main son bonnet de coton, s'approcha respectueusement de l'artiste, et lui dit d'un ton rempli d'une respectueuse déférence :

— Le déjeuner est servi... et si monsieur veut me faire l'honneur...

— Comment donc! père Bazu, répliqua vivement Tircis, si l'honneur est pour vous, le plaisir sera pour moi.

Et il fit quelques pas vers la table.

Mais il s'arrêta à mi-chemin.

La superbe ordonnance du repas venait de frapper ses regards.

— Ah çà ! s'écria-t-il, est-ce que tout à l'heure il vous est débarqué par le coche un duc ou un marquis quelconque?...

Bazu prit un air éminemment fin, ou du moins qu'il croyait tel.

Il cligna de l'œil, et répondit avec intention :
— Peut-être...
— Peut-être, appuya Suzette de la même façon.
— Hein ? fit Tircis, vous dites ?...
— Nous disons peut-être... répondirent à la fois le père et la fille.
— Eh bien, tant mieux pour vous... grand bien vous fasse !
— Oh ! nous l'espérons... dit Bazu.
— Et c'est pour votre marquis, ce festin de Lucullus ?
— Pardine ! certainement que c'est pour lui... c'est-à-dire pour vous.
— Pour moi ?
— Sans doute.
— Perdez-vous la tête ?
— Nullement.
— Voyons, père Bazu, expliquons-nous...
— Il me semble qu'il vaudrait mieux vous mettre à table. Le menu va refroidir, et vous savez le proverbe : *Un menu réchauffé ne valut jamais rien.*
— A table ! à table... je ne demanderais pas mieux, mais...
— Mais quoi ?...

Ici le véritable marquis intervint.
— Eh ! mon Dieu ! monsieur, dit-il à l'artiste, laissez-vous faire. Que risquez-vous ?...
— Vous croyez donc, demanda Tircis, vous croyez que je ferai bien de me laisser faire ?
— C'est mon avis.
— Eh bien ! je le suivrai, car au fait, monsieur le basochien, vous m'avez l'air d'être un homme de bon conseil.
— C'est mon état, répondit le prétendu basochien.

Bazu comprit que sa cause était gagnée.
— A table ! s'écria-t-il vivement ; à table, monsieur le mar...

Il allait dire *marquis*, mais il se reprit et il articula nettement :
— A table ! monsieur Tircis !
— Allons, soit... répliqua l'artiste ; et il fit quelques pas vers la table.

Mais il s'arrêta de nouveau.
— De par toutes les divinités olympiennes ! fit-il, à moins d'être pourvu des viscères de feu Gargantua, je ne peux pas manger tout seul ce gigantesque déjeuner...
— Ah ! dit Bazu, vous êtes libre de faire à qui bon vous semblera l'honneur de l'inviter.
— Excellente idée ! Et d'abord, père Bazu, je vous le fais à vous, cet honneur-là...
— A moi ?...
— Y compris votre beau tablier blanc et votre superbe bonnet de coton.
— Je n'oserai jamais !
— Allons donc ! puisque je suis bon prince ! puisque je vous autorise à vous familiariser avec moi !... Mangez-moi dans la main, mon cher, mangez-moi dans la main...

Et, poussant brusquement Bazu sur une chaise, il le fit asseoir à côté de lui.

## CHAPITRE XIII.

### A table.

Depuis le commencement de cette scène, la vicomtesse de Lucy, s'effaçant de son mieux derrière sa compagne, avait observé Tircis avec un étonnement qui redoublait de minute en minute.

En ce moment, Suzette se retourna vers elle, et lui dit tout bas :
— Il est bien aimable, n'est-ce pas ? et pas fier du tout, vous voyez...

Ce à quoi madame de Lucy ne répondit que par ces mots :
— Il est bien singulier !

Cependant Tircis s'était approché de M. de Fontenailles, il lui frappe sur l'épaule et lui dit :
— Et vous aussi, camarade, je vous invite...
— Oh ! moi, répondit le faux basochien, j'ai déjeuné tout à l'heure.
— Qu'importe !
— Il importe beaucoup ; je n'ai plus faim.
— Je n'en crois pas un mot. Les clercs de procureurs ont cela de commun avec les autruches, qu'ils peuvent déjeuner toute la journée et digérer à volonté.
— Vous êtes très-fort en histoire naturelle, monsieur, dit le marquis en souriant.
— Eh ! eh ! répondit Tircis, il faut bien savoir un peu de tout. Allons, mettez-vous là.

Et il fit asseoir le marquis de la même façon qu'il avait fait asseoir Bazu une minute auparavant.
— Ah çà mais ! s'écria-t-il un instant après, décidément je suis un manant !... un maraud !... J'oubliais mon idole, la charmante Suzette.

Et, courant à elle, il voulut la prendre par la main pour la conduire à table.

Suzette résista.
— Impossible... répondit-elle ; je reste pour vous servir avec ma sœur de lait.
— Votre sœur de lait... répondit Tircis, où est-elle ?
— La voici.

Et Suzette démasqua la vicomtesse, qui jusque-là s'était tenue cachée derrière elle.

Tircis n'avait pas encore vu madame de Lucy.

Il parut ébloui de sa beauté.
— Peste !... la jolie personne !... l'adorable divinité !... s'écria-t-il avec enthousiasme. Votre sœur de lait, Suzette ! Par Jupiter, on a bien raison de dire que les Grâces sont sœurs !...
— Monsieur veut rire, répondit la vicomtesse en minaudant agréablement, et en faisant à Tircis la révérence la plus gauche qu'il lui fut possible d'imaginer.
— Rire !... reprit l'artiste d'un ton exalté, y pensez-vous, Vénus cadette !... Je vous trouve incomparablement adorable, et vous poseriez à ravir pour la plus charmante de toutes les Léda... Dis un mot, ô ma houri ! et e ends les pin-

ceaux !... Moins qu'un mot; si tu veux, un geste suffira, O Léda! fais-moi signe...

Et tout en achevant cette tirade anacréontique et amphibologique, Tircis s'assit à table.

La vicomtesse avait baissé les yeux et rougissait beaucoup. Suzette ne parvenait point à dissimuler son admiration.

— Comme il s'exprime!... murmurait-elle. Oh! ces grands seigneurs, comme ça se reconnaît tout de suite!

Cependant le déjeuner venait de commencer.

Tircis tendit son verre à la vicomtesse, en lui disant avec une galanterie raffinée :

— Hébé versait le nectar aux immortels, il ne tient qu'à vous que je me croie dans l'Olympe...

— Hein! s'écria madame de Lucy, en se voyant ainsi mise en demeure de servir ce malotru, et oubliant un instant son rôle.

— Je vous demande une double ivresse, répondit Tircis en tendant toujours son verre.

Mais déjà la vicomtesse avait repris tout son empire sur elle-même.

— Ah! c'est juste, monsieur... fit-elle.

Et elle versa.

M. de Fontenailles, lui, ne disait rien, mais il souriait, et son sourire était un peu railleur.

— Ah! pensait-il, et non sans une satisfaction secrète, la vicomtesse de Lucy versant à boire à ce barbouilleur de portraits, et forcée de subir ses galanteries! c'est bien fait! ça lui apprendra à se déguiser !..

Tircis vida son verre d'un seul trait.

— Oh! fit-il ensuite, versé par vous, jeune nymphe bocagère, ce vin me semble délicieux, mais moins encore que votre charmant visage, moins que cette taille ronde; et, palsambleu! il faut que je vous embrasse, ou bien je ne suis qu'un faquin !...

Et, joignant le geste aux paroles, il prit la vicomtesse par la taille.

Madame de Lucy ne s'attendait à rien moins qu'à cette brusque agression.

Elle poussa un cri, se dégagea vivement et s'enfuit à l'autre extrémité de la chambre, comme une biche effarouchée ?

Tircis fit mine de se lever de table pour la poursuivre.

Mais Suzette se plaça résolument devant lui.

— Eh bien, qu'est-ce que vous faites donc ? s'écria-t-elle; devenez-vous fou, monsieur Tircis ?

L'artiste n'essaya point de passer outre, mais il dit à la vicomtesse, par-dessus l'épaule de Suzette :

— Oh! oh! jeune villageoise, savez-vous que, pour une servante d'auberge, nous sommes diantrement effarouchée.

Madame de Lucy ne savait que répondre.

Le marquis vint à son aide.

— C'est que peut-être, dit-il, il n'y a pas bien longtemps que mademoiselle est servante d'auberge ?...

— En effet, répondit la vicomtesse, il n'y a pas longtemps.

— Et vous n'êtes pas encore accoutumée à ces manières-là ?

— Non, monsieur.

— Oh! fit Tircis, elle s'y fera...

— J'en doute beaucoup, répliqua madame de Lucy.

— Bah! bah! s'écria Tircis pour la seconde fois, elle s'y fera, j'en réponds !...

Tandis que se croisaient ces reparties, les convives ne restaient point inactifs.

Les bouteilles se vidaient.

Les verres se remplissaient sans relâche.

Tircis s'animait.

Bazu commençait à se griser.

— Eh bien, mon hôte, demanda tout à coup le brave aubergiste, comment trouvez-vous ce petit vin de Beaune ?

— Il est admirable, répondit l'artiste, en soulevant une bouteille veuve de son contenu, admirable comme vos procédés... mais il a un grand défaut...

— Lequel ?

— C'est qu'il n'y en a plus...

Bazu se mit à rire d'un gros rire.

— Quand il n'y en a plus, il y en a encore, dit-il ensuite. Allons, Suzette, allons, mon enfant, des bouteilles sur la table, et du même...

— Voilà ! voilà ! riposta la jeune fille en courant au buffet, et en y prenant plusieurs bouteilles qu'elle apporta.

Madame de Lucy la tira par la manche, et l'amena dans un coin.

— Qu'est-ce que vous me voulez, petite sœur? demanda Suzette à demi-voix...

— Je veux que tu ne leur donnes plus à boire.

— Pourquoi donc ?

— Parce qu'ils vont se griser abominablement.

— Eh bien, tant mieux !...

— Tant mieux, dis-tu ?...

— Oui certes, vous n'en saurez que plus vite ce que pense votre marquis.

A cela, la vicomtesse n'eut rien à répondre.

Mais elle soupira tout bas et se dit à elle-même :

— Hélas !... hélas !... j'ai grand'peur d'en savoir déjà trop !...

Cependant Tircis venait de déboucher un nouveau flacon.

Il remplit son verre du liquide généreux.

Il l'interposa entre la lumière de la fenêtre et son rayon visuel afin d'en apprécier la couleur avant d'en savourer le contenu.

Ensuite il le vida à petites gorgées, faisant claquer sa langue contre son palais d'un air connaisseur, et enfin il s'écria :

— Parfait... oui, parfait, en vérité...

Bazu salua, ni plus ni moins que si l'éloge s'adressait directement à lui. Tircis reprit :

— Ah ça mais ! qui diable, père Bazu, vous a donné l'idée de ce festin de Sardanapale ?...

Bazu cligna de l'œil.

— Est-ce que l'idée vous paraît mauvaise ? demanda-t-il au lieu de répondre.

— Non pas !...

— Eh bien, buvons.

— Oui, pardieu !... buvons à la santé de celui qui paie !

— A sa santé ! appuya Bazu avec un nouvel éclat de gros rire.

Tircis vida son verre à demi, puis le reposant sur la table, et se penchant vers Bazu de façon à pouvoir lui parler à l'oreille, il lui demanda :

— A propos, qui est-il, celui qui paie ?

Bazu regarda Tircis d'un air qui signifiait le plus clairement du monde :

— Malin que vous êtes !... vous voulez rire à mes dépens !...

Tircis, comme bien on pense, ne comprit rien à la finesse de ce regard, et répéta sa question.

— Tiens !... fit alors Bazu; la belle malice... celui qui paie ?, vous savez bien que c'est vous !...

Ce fut au tour de l'artiste de se mettre à rire.

— Moi ? répliqua-t-il.

— Vous-même...

— Oh ! la bonne plaisanterie !... Je n'ai pas le sou !...

— Ça m'est, fichtre, bien égal !...

— Comment ?...

— Je retiendrai ça sur ce que je vous dois...

On voit que Bazu, de plus en plus gris, oubliait complétement que le marquis voulait conserver le plus strict incognito.

Suzette avait beau pousser le coude de son père, Bazu allait toujours son train.

— Vous le retiendrez sur ce que vous me devez ! répéta Tircis stupéfait.

— Le trouvez-vous inconvenant ? demanda Bazu.

— Vous me devez quelque chose ?... vous...

— Malheureusement.

— Et quoi donc ?

— Quatre termes ?... Tout autant.

— En fait de termes, mon brave homme, je ne comprends pas le moins du monde ceux dont vous vous servez !...

— Monsieur le marquis veut rire.

— M. le mar ?...

— Quis, acheva Bazu.

— Quel marquis ?...

Ici Suzette donna dans le dos de Bazu un gigantesque coup de coude, et lui dit à l'oreille et par deux fois :

— Silence, père !... silence donc !

## CHAPITRE XIV.

### Bazu lancé.

Mais Bazu était lancé.

— Ah ! bah ! s'écria-t-il en secouant l'épaule, foin de tout ce mystère ! Le mot est lâché, je ne le retirerai point... et puis, monsieur le marquis est si bon enfant !

— Tâchons de nous entendre ! cria Tircis à son tour ; encore une fois, quel marquis ?

— Eh bien ! vous, pardine ! répliqua l'aubergiste. Ne vous donnez donc pas des airs de chercher à droite et à gauche ; c'est vous, vous qui me parlez...

— Moi qui vous parle ?

— En personne véritable et naturelle.

Tircis se leva d'un bond et ouvrit la bouche pour répondre. Mais il se tut et sembla réfléchir pendant un instant. Évidemment un travail se faisait dans son esprit.

Le prétendu clerc de notaire intervint :

— Il paraît, dit-il, monsieur, qu'on vous a trahi ?

En même temps, la vicomtesse disait à Suzette, tout bas :

— Cela va peut-être le faire changer de langage et de manières.

Ce à quoi Suzette répondait du même ton et en accentuant sa phrase d'un sourire naïf et ingénu :

— Ah ! ce serait dommage !

Tircis avait achevé ses réflexions.

Il venait de prendre son parti.

Il se rassit en riant et s'écriant d'un air plein de condescendance :

— Allons, mes amis, mes bons amis, vous avez voulu vous amuser pendant quelques minutes à mes dépens !... Je comprends la plaisanterie, et elle me plaît... quoique je la trouve entièrement dépourvue d'originalité... Mais en voilà assez, n'est-ce pas ?...

Bazu se courba jusqu'à terre.

— Nous amuser à vos dépens !... murmura-t-il ensuite. Ah ! grand Dieu ! j'espère bien que monsieur le marquis n'en croit pas un mot.

Tircis fronça le sourcil.

— Encore !... fit-il.

— Toujours, répliqua l'aubergiste ; le respect m'en fait une loi !...

Tircis se leva de nouveau.

Mais, cette fois, son œil brillait d'un commencement de colère.

— Marquis vous-même !... s'écria-t-il, entendez-vous... je suis artiste, rien qu'artiste, et le premier qui m'appellera *marquis* s'en repentira !...

Cette petite discussion avait décuplé l'ivresse naissante de Bazu.

Il fit un geste goguenard, et, tout en riant dans sa barbe, il se dit à lui-même, mais assez haut pour être parfaitement entendu :

— Artiste !... ah ! ben oui !... artiste !...

Cette obstination mit Tircis hors des gonds.

— Ventre de biche ! cria-t-il furieux, si je ne me retenais !

— Tiens ! répliqua Bazu, pourquoi donc que vous vous retiendriez, monsieur le marquis ?...

— Ah !... c'est là ton avis... vieux drôle !...

— Mais... z...oui... balbutia Bazu.

— Eh bien ! soit !

Et Tircis, complétement exaspéré par l'entêtement de l'aubergiste, se précipita sur ce dernier, le prit à la gorge et se mit en devoir de l'étrangler.

L'artiste avait la poigne solide.

Déjà les premiers symptômes de la strangulation se manifestaient.

La grosse face de Bazu devenait d'une nuance pourpre apoplectique.

Suzette et le marquis se hâtèrent d'arracher Bazu des mains de son adversaire, qui répétait sans cesse :

— Laissez-moi l'étrangler, pour lui prouver que je ne suis pas marquis !

Et la vicomtesse se disait avec stupeur :

— Est-il bien possible que ce soit là M. de Fontenailles !...

En ce moment eut lieu un véritable coup de théâtre, et, certes, le plus inattendu de tous pour la plus grande partie des personnages que nous mettons en scène.

La porte du fond s'ouvrit et deux énormes valets de pied entrèrent dans la salle de l'auberge.

Ces laquais, dont les visages exprimaient bien toute la morgue insolente des domestiques de grands seigneurs, étaient revêtus d'une splendide livrée bleue et argent, galonnée sur toutes les coutures.

De la main gauche ils tenaient leurs chapeaux lampions, également galonnés.

De la main droite, chacun maintenait sur son épaule une valise de cuir.

Ils se débarrassèrent de ces valises. Ils s'avancèrent jusqu'au milieu de la salle. Ils s'inclinèrent profondément, et l'un d'eux se prit à dire d'une magnifique voix de basse-taille :

— Voici l'heure à laquelle monsieur le marquis nous a prescrit de venir chercher ses ordres...

— Vivat! s'écria Tircis d'un air triomphant, vivat! l'imbroglio va finir! Voici des gens qui arrivent bien à propos, et nous allons enfin savoir le mot de l'énigme!...

M. de Fontenailles, Suzette et la vicomtesse se regardaient en riant.

Bazu buvait.

Tircis se tourna vers les valets de pied, et reprit :

— Si j'ai bien entendu, laquais, vous prétendez qu'il y a ici un marquis?

Le valet s'inclina en signe de respectueuse adhésion.

Tircis continua :

— Où est-il, ce marquis? Qu'on me le montre... je le demande, je le veux, je le réclame, je l'exige!

Troisième salutation du valet qui répondit :

— C'est à lui-même que j'ai l'honneur de parler en ce moment...

Tircis fit un brusque haut-le-corps et répéta :

— A lui!

— C'est-à-dire, à vous, monseigneur...

— A moi!

— A vous, haut et puissant seigneur, marquis de Fontenailles, comte de Trécy, vicomte de Tulliboy, seigneur de Bagé, Nicudey et autres lieux...

La stupéfaction de Tircis arrivait à un tel degré, qu'il resta muet et immobile, la bouche ouverte, les yeux fixes, les bras ballants.

— Vous voyez! fit Bazu.

— Vous voyez! répéta Suzette.

— Vous voyez!... appuya M. de Fontenailles comme un écho.

La vicomtesse seule ne dit rien.

Au bout d'une minute et demie, Tircis rompit enfin le silence.

— Comment t'appelles-tu, maraud? demanda-t-il au valet de pied.

— Monseigneur sait bien que je me nomme Télémaque, mais si ce nom lui déplaît, j'en puis facilement changer...

— Tu soutiens que je suis ton maître?

— C'est évident, puisque je porte la livrée de monseigneur, et puisque monseigneur me paie et me nourrit.

— Mais, gredin, je vais te faire périr sous le bâton!

— Monseigneur en a le droit, répondit le laquais d'un ton stoïque.

Cette réplique acheva de mettre le plus profond désordre dans les idées de Tircis.

Il en arriva presque à douter de lui-même.

M. de Fontenailles s'aperçut de ce commencement d'indécision, et il en profita à l'instant même.

— Allons, monsieur le marquis, fit-il, l'incognito n'est plus possible!... Vous êtes reconnu, résignez-vous!...

— Résignez-vous, répéta Bazu avec un hoquet.

— C'est ce que vous avez de mieux à faire, dit Suzette.

Tircis frappa du poing sur la table.

— Que je me résigne! s'écria-t-il. Eh bien, morbleu! j'y consens, et nous allons bien voir...

Puis il ajouta, en s'adressant aux deux valets de pied :

— Je quitte à la fois mon incognito et mon déguisement! Çà, faquins, qu'on m'habille vite et tôt, et d'une façon digne de ma haute naissance et de mon immense fortune!

Nous allons voir les drôles joliment embarrassés! se dit-il à lui-même en même temps.

Mais cette supposition de l'artiste fut démentie aussitôt que formée.

Le plus grand des laquais, celui qui portait habituellement la parole, salua pour la quatrième fois, et répondit :

— A l'instant, monseigneur.

En effet, il ne perdit pas une minute, il ouvrit une des deux valises, et, avec l'aide de son compagnon, il encombra deux ou trois chaises d'une foule d'habillements, tous plus riches, plus éclatants, plus splendides, plus somptueux les uns que les autres.

Ce n'étaient que satins, dentelles et velours.

Les étoffes miroitaient.

Les broderies d'or étincelaient au soleil.

Il y avait là de quoi habiller de pied en cap une demi-douzaine de gentilshommes pour le moins.

Suzette ne pouvait contenir son admiration.

— Dieu! que c'est beau!... Dieu! que c'est magnifique!... s'écria-t-elle à deux ou trois reprises.

Quant à Tircis, il se frottait les yeux de façon à se les faire rougir et enfler, et il se demandait tout bas :

— Est-ce que je rêve?... est-ce que je rêve?

## CHAPITRE XV.

### Toilette de marquis.

Non, Tircis ne rêvait pas.

Et la preuve, c'est que le laquais lui demanda d'un ton solennel :

— Monseigneur revêtira-t-il son habit de velours vert, ou sa veste de satin blanc?

— Heu... heu... fit l'artiste d'un air indécis.

— Monseigneur, reprit le valet, monseigneur préfère peut-être la veste satin jonquille avec l'habit de velours grenat?

— Le satin jonquille et le velours grenat me plairaient assez, répondit Tircis.

— J'aurai l'honneur encore d'offrir à monseigneur l'habit de couleur amarante et la veste gorge de Vénus.

— Oh! oh! s'écria Tircis, drôle! tu me prends par mon faible! Je me décide pour l'amarante et la gorge de Vénus.

— Dois-je apprêter les manchettes de malines, ou celles de point d'Angleterre?...

— Quelles sont celles que je porte le plus habituellement?

— Le point d'Angleterre.

— Eh bien! je mettrai les malines aujourd'hui, elles me paraissent assez convenables...

— Monseigneur est-il prêt?

— Je le suis...

Les deux laquais s'avancèrent alors, et la cérémonie du harnachement de Tircis commença.

Chacun sait ce que c'était qu'une toilette au dix-huitième siècle, nous n'entrerons donc dans aucun détail.

Disons seulement que le déguisement quasi forcé de l'artiste fut complété par des souliers à hauts talons rouges, par une perruque poudrée et par une épée de cour.

Suzette considérait le jeune homme de l'air dont elle aurait considéré le soleil levant.

Volontiers eût-elle mis la main devant ses yeux, afin de n'être point éblouie.

Et toutes les trois secondes, elle répétait à demi-voix à l'oreille de la vicomtesse :

— Regardez donc, petite sœur, regardez donc comme il est superbe!...

Ce à quoi la vicomtesse répondait, dans son for intérieur :

— On me l'avait bien donné pour un original, mais, franchement, tout ceci passe la permission!...

— Voilà qui est fini, monseigneur, dit le laquais, quand il eut mis la dernière main à la toilette de son maître prétendu.

— Ah! c'est fini... répéta Tircis.

— Complétement, monseigneur.

— Fort bien.

— Monseigneur est-il content de nous?

— On ne peut plus... J'augmenterai peut-être vos gages.

— Monseigneur est la bonté même! s'écrièrent les deux valets en courbant leur échine en un salut de reconnaissance.

— Oui, je suis assez bon, fit Tircis, qui se caressa le menton. Mais laissons cela... Allez, valetaille!...

— A... la... bonne heure... s'écria Bazu, dont la langue empâtée par le vin n'articulait qu'à peine ; à la bonne heure, voilà un vrai marquis...

— Vous trouvez?... demanda Tircis.

— Oh!... oui... oui... oui... fit Bazu.

— Eh bien! je n'en suis pas plus fier... et la preuve, c'est que je me rassieds à table avec vous. Je désire cultiver de nouveau votre petit beaune, père Bazu.

Et Tircis, joignant l'action aux paroles, allait se rasseoir en effet et remplir de nouveau son verre, quand M. de Fontenailles l'arrêta en lui touchant légèrement le coude.

Tircis se retourna aussitôt.

— Tiens! fit-il, c'est le basochien! Qu'est-ce que vous me voulez, basochien?

— Pardon, monseigneur, je tiendrais infiniment à vous dire deux mots en particulier.

— Quand?

— Tout de suite, si cela était possible...

— Cela est possible. Tout à vous, basochien!... Vous savez que, quoique marquis, je ne suis pas fier...

Et Tircis ajouta, en se tournant vers Suzette et la vicomtesse :

— Vous permettez, charmantes nymphes bocagères?

— Oh! monseigneur! répondit vivement Suzette.

Et tout en laissant échapper ces deux mots, elle se retira un peu à l'écart, en compagnie de la vicomtesse, avec laquelle elle se mit à causer tout bas.

Bazu n'avait point quitté la table.

Il buvait comme le fabuleux tonneau des classiques Danaïdes.

Cependant M. de Fontenailles avait emmené Tircis hors de la portée de la voix.

— Me voilà, dit l'artiste, me voilà à vos ordres, basochien... Mais parlez vite, car il fait soif!... Voyons, que me voulez-vous?

— Vous rendre un service.

— Un service?

— Oui.

— Vous, à moi?

— Moi, à vous.

— Ah!

— Cela vous étonne?...

— Dame!... un peu... à moins que vous ne songiez à me prêter de l'argent pour payer le déjeuner que je vous ai offert...

— Ne plaisantons pas, monsieur le marquis.

— Pourquoi donc?

— Parce que la situation est grave.

— Diable! en ce cas, vous avez raison, ne plaisantons pas.

— Je sais la raison de votre long séjour dans cette méchante auberge.

— Oh! oh!

— Je sais la cause de votre incognito.

— Ah! vous savez?

— Parfaitement.

— Vous êtes bien heureux!... plus heureux que moi! ajouta Tircis tout bas.

Le basochien reprit :

— On veut vous marier, monseigneur...

— Vous croyez?

— J'en suis sûr... aussi sûr que vous...

— Ce n'est pas beaucoup dire! et contre qui?

— Vous n'ignorez pas que la vicomtesse de Lucy est la femme qu'on vous destine...

— En effet... Oh! certainement, je ne l'ignore pas.

— Vous vouliez la voir, l'examiner, sans être connu d'elle.

— Voyez-vous comme je suis rusé!

— Eh bien! la vicomtesse a eu la même idée que vous.

— La même?

— De point en point.

— Comment?

— Elle est ici.

— Allons donc!

— Elle est ici, vous dis-je.

— Oh! la petite rouée!...

— Elle se cache sous un costume qui n'est pas le sien.

— Lequel?... Oh! démasquez-la, basochien, démasquez-la.

— Le costume d'une servante d'auberge.

— Bah!

— C'est comme j'ai l'honneur de vous le dire.

— Est-ce que ce serait Suzette?

— Non pas.

— Qui donc?

— Cherchez.

— Sa sœur de lait, peut-être?

— Tout juste. Vous êtes, monseigneur, d'une perspicacité étonnante!

— La perspicacité est mon fort.

— Je le vois. Et maintenant que vous êtes averti, qu'allez-vous faire?

— Je n'en sais rien.

— Voulez-vous me permettre de vous donner un conseil?

— Dix, si ça vous plaît. Je vous écouterai avec le plus grand plaisir.

— Eh bien! profitez de vos avantages, plaisez, séduisez, subjuguez, triomphez en un mot, mais sans avoir l'air d'être instruit de ce que je viens de vous dire...

— Ah! il faut paraître ignorer...

— Oui, vous n'en serez que plus certain de la réussite.

— Alors, basochien, soyez paisible, je ne dirai mot.

— Il vous sera facile de vous faire aimer.

— Parbleu! je le crois bien! trop facile!

— Maintenant, j'ai dit, vous êtes prévenu. Marchez, monseigneur.

— Merci.

Et le basochien fit une révérence et quitta Tircis.

— Ah! se dit ce dernier resté seul; ah! c'est une vicomtesse, et ils veulent tous que je sois un marquis!... Eh bien, ma foi, tant pis, je me risque!... A la grâce de Dieu, et bonne chance!...

Mais de quelle façon débuter ?

J'ai beaucoup pratiqué la grisette, dans n'importe quel pays; mais, franchement, la grande dame est pour moi du fruit nouveau!... (je puis le dire, puisque je suis en tête-à-tête avec moi-même).

Oui, comment débuter?... voilà le *hic!*

J'ai envie de l'éblouir d'abord par ma magnificence.

C'est ça, éblouissons!...

Et Tircis se mit à crier :

— Ohé! père Bazu! du champagne! du champagne! comme s'il en pleuvait!

Bazu, qui dans ce moment s'endormait à demi sur la table, se réveilla en sursaut.

— Du champagne... murmura-t-il

— Oui, répéta Tircis, du champagne, et qu'on serve plus vite que ça !...

Bazu secoua la tête, entr'ouvrit les lèvres, et murmura d'un ton dolent :

— Le pays n'en produit pas.

— Ah! diable! fit Tircis désappointé.

Mais ici se manifesta un second coup de théâtre, tout aussi inattendu que le premier.

## CHAPITRE XVI.

### In vino veritas !

Un nouveau coup de théâtre se manifesta, avons-nous dit à la fin du chapitre précédent.

Le grand laquais galonné qui prenait le plus volontiers la parole, s'avança de nouveau, salua profondément, selon son invariable habitude, et dit :

— Monseigneur sait bien qu'il ne voyage jamais sans sa provision de vin de Champagne...

— Ah! balbutia Tircis, étourdi de ces hasards successifs qui semblaient prendre à tâche de prévoir tous ses désirs afin de les réaliser aussitôt; ah!... je ne voyage jamais sans ma provision...

— Monseigneur a donné, une fois pour toutes, les ordres les plus exprès à son sommelier : le vin de champagne, le xérès, l'alicante et le madère sec sont là...

— Au fait, c'est vrai, fit l'artiste en reprenant tout son aplomb, j'ai donné mes ordres... je n'y pensais plus, mais maintenant je m'en souviens le mieux du monde... Allons, valetaille, servez-nous...

— A l'instant, monseigneur...

La seconde valise fut ouverte.

Les laquais en tirèrent une demi-douzaine de flacons bien encapuchonnés de goudron, des gobelets d'argent ciselé, et placèrent le tout sur la table.

— Peste!... s'écria le basochien prétendu, quel luxe!... Ah! monseigneur, je me souviendrai du déjeuner auquel vous m'avez fait l'honneur de me convier à l'auberge du *Soleil d'or*.

Tircis ne répondit pas.

Il formulait dans son esprit un monologue dont le sens se devine et dont voici la phrase principale :

— Quelqu'un qui, dans ce moment, me pincerait pour m'éveiller, me rendrait un fier service!...

Quant à Bazu, son ivresse avait, comme on va le voir, des moments parfaitement lucides.

Il ne disait rien.

Il ne pensait rien.

Il agissait.

Ce qui veut dire qu'il s'était emparé d'une bouteille de vin de Champagne, et qu'il travaillait à la décoiffer.

Il y parvint.

Le bouchon, chassé par le gaz, s'échappa bruyamment du goulot trop étroit et frappa le plafond comme une bombe inoffensive.

— Hop!... fit Bazu.

Et il remplit tous les verres, en commençant, bien entendu, par le sien.

— Mais non, se dit alors Tircis, mais non, je ne dors pas!... Allons, bien décidément, il y a de la magie là-dessous!... Ma foi, si c'est un philtre, tant pis, je bois tout de même!

Il souleva son gobelet, et il s'écria, en le portant à ses lèvres :

— Je bois à la santé de la sœur de lait de Suzette!...

— Oui!... oui!... à sa santé! répétèrent les convives.

— Joli vin! fit Tircis.

— Jolie femme! répondit M. de Fontenailles.

Et Bazu cria avec enthousiasme :

— Oh! v'oui!... que voilà un joli vin!... oh! v'oui! Vive monseigneur le marquis!...

— Vive monseigneur!... appuyèrent comme un écho Suzette et M. de Fontenailles.

La vicomtesse seule se taisait.

Tircis ne s'en aperçut pas.

L'enthousiasme commençait à le gagner à son tour.

Il n'était, ma foi, pas très-loin de croire à son marquisat.

— Oui, mes amis, fit-il, mes bons amis, mes chers amis, mes vrais amis, mes seuls, mes excellents amis, criez : *Vive le marquis!* criez de toutes vos forces!... tous à la fois ou l'un après l'autre!... Soyez gais, heureux, joyeux, radieux!... Je veux vous causer une félicité générale, je veux vous combler de grâces, de bienfaits, de faveurs... Je veux remettre à

Bazu sa dette passée et ses dettes futures... Je veux doter Suzette... Je veux la marier et l'embrasser par-dessus le marché!... Puisque le bon Dieu m'a fait grand seigneur et millionnaire, que diable!... je me propose, aussi longtemps que je serai noble et riche, de rendre heureux tous ceux qui m'approcheront.

Suzette se pencha vers la vicomtesse.

— Comme c'est bien ce qu'il dit là! murmura-t-elle à son oreille.

— Du moins, il a bon cœur... répondit madame Lucy du même ton.

Puis, Suzette, Bazu, M. de Fontenailles et les deux laquais recommencèrent à crier du haut de leur tête :

— Vive monseigneur le marquis!

— Bravo! dit Tircis, bravo! criez encore! criez longtemps! criez toujours! et surtout versez du champagne, versez comme s'il en pleuvait!

On versa, on but, on cria.

Cela dura quelques minutes, puis madame de Lucy emmena Suzette dans un coin et lui dit tout bas :

— Ma chère enfant, cette situation ne peut se prolonger davantage... il faut en finir...

— Que voulez-vous faire?

— Je veux tenter une dernière épreuve.

— Puis-je vous servir?

— Oui.

— A quoi?

— Il faut que je sois pendant un instant seule avec le marquis.

— Eh bien?

— Eh bien! emmène ton père et le clerc de procureur.

— C'est facile.

— Sors avec eux, mais aie bien soin de rester à portée de ma voix.

— Soyez tranquille, je serai là tout près...

— Va, mon enfant.

Suzette alla s'asseoir à côté de son père à qui elle prouva d'une façon péremptoire que sa présence dans une autre partie de la maison était indispensable.

Bazu se leva presque aussitôt, et, tout en chancelant et en trébuchant, il se dirigea vers la porte.

M. de Fontenailles, pendant ce temps, s'était approché de Tircis.

— Monsieur, lui dit-il, un mot...

— Deux, répondit l'artiste.

— On va vous laisser en tête à tête...

— Avec qui?

— Avec votre fiancée.

— Ma fiancée! ah! oui... ah! oui... c'est juste... je n'y pensais plus!...

— Vous avez des moyens de séduction...

— Nombreux!... et corsés!... tout un arsenal!

— Déployez-les.

— Soyez paisible! on se comportera comme il faut...

— Votre avenir est entre vos mains.

— Le fait est qu'il y est absolument.

— Vous auriez à rougir à vos propres yeux si vous ne triomphiez facilement de cette vertu qui croit vous prendre pour dupe.

— Ah! vertudieu!... je vous en rendrai bon compte!...

— Courage, monseigneur, et poussez votre pointe!...

— Je pousserai!... oh! je pousserai.

Et M. de Fontenailles, convaincu que Tircis était suffisamment lancé, quitta la chambre à son tour en se disant à part lui :

— Cet original est joli garçon, vif et entreprenant, oh! très-entreprenant, j'en suis sûr! La vicomtesse le croit marquis et pense en pouvoir faire un mari!... Allons!... si elle résiste, je peux risquer le sacrement!...

Cependant Tircis et la vicomtesse étaient restés en tête à tête dans la salle que tout le monde venait de quitter. Durant les premières minutes, leur embarras fut extrême. Ni l'un ni l'autre ne savaient comme entamer l'entretien. Tircis, fort ému d'une situation parfaitement nouvelle pour lui, ne disait mot, chiffonnait ses manchettes de dentelles afin de se donner une contenance, et ne parvenait qu'à grand'peine à reprendre son aplomb.

La vicomtesse, debout auprès de la table, examinait du coin de l'œil son étrange fiancé, et faisait semblant de mettre un peu d'ordre dans le régiment des bouteilles et des verres.

— Nous sommes seuls!... pensait-elle, je vais donc voir s'il est possible de retrouver en lui quelques vestiges de la distinction du gentilhomme, de la dignité du grand seigneur...

— Qui se douterait que voilà une vicomtesse, pensait Tircis de son côté. Elle n'est pas plus jolie que Suzette... et pourtant... mais, bah!... Depuis ce matin il se passe ici des choses si extraordinaires!... Une de plus, une de moins, qu'importe!...

La vicomtesse reprenait en elle-même :

— Avec ses façons, l'épreuve que je tente est peut-être dangereuse, et j'ai un peu peur... mais qui ne risque rien n'a rien...

Quant à Tircis, il se disait :

— Lors même que le diable s'en mêlerait en personne naturelle et fourchue, il est évident que ce conte des *Mille et une Nuits* ne peut pas toujours durer!... Brusquons l'aventure avec la grande dame déguisée!... Quand je m'éveillerai, ce sera toujours autant de pris sur l'ennemi... et, ma foi, que le véritable marquis s'arrange!...

Telles étaient les sensations et les dispositions de nos deux personnages, mis en présence par le hasard et aussi par l'intrigue adroitement combinée du marquis de Fontenailles.

L'escarmouche commença aussitôt après.

## CHAPITRE XVII.

### Tête à tête.

Pour rompre un silence qui commençait à lui sembler extrêmement embarrassant, Tircis ne trouva rien de mieux que de simuler un léger accès de toux.

— Hum!... hum!... fit-il en deux ou trois reprises.

Le moyen n'était, comme on voit, ni bien neuf ni bien ingénieux.

Il réussit cependant.

La vicomtesse se retourna, elle ébaucha une révérence tout à la fois ingénue et coquette, et elle demanda d'une voix flûtée :

— Monsieur le marquis a-t-il besoin de quelque chose ?... Je suis là pour le servir...

Tircis pirouetta d'un air cavalier.

Il arrondit les bras.

Il fit la bouche en cœur.

Il se rapprocha de la sœur de lait de Suzette, et il lui débita d'un ton mielleux la réponse ou plutôt le madrigal suivant :

— Me servir !... ravissante fille des champs !... y pensez-vous, grands dieux !...

— Si j'y pense ? Mais certainement, monsieur le marquis...

— Dites donc que c'est moi qui suis à vos ordres...

— A mes ordres ?... vous ?...

— D'une façon naturelle et surnaturelle.

— Quelle galanterie !... à une servante d'auberge !...

— Eh ! qu'importe ce que vous êtes !

— Vous, un grand seigneur !... un marquis !...

— Marquis !... marquis !... sans doute, mais c'est que je ne suis point un marquis comme un autre...

— Je m'en aperçois... se dit la vicomtesse à elle-même.

Tircis poursuivit.

— Et plus je vous regarde, plus j'examine ce visage si joli, cette taille si mignonne, cette tournure si délicieuse, moins je puis comprendre l'erreur de ce polisson de destin !...

— Quelle erreur ? demanda la vicomtesse.

— Eh ! parbleu ! cette ânerie du hasard qui vous a placée dans une condition si fort au-dessous de vos mérites...

— Vous croyez ? fit madame de Lucy en minaudant.

— J'en suis atteint et convaincu... Mais cette erreur, on peut la réparer...

— Vraiment !

— Parbleu !

— Et qui fera cela ?

— Moi.

— Vous !... Et comment ?

— C'est mon secret...

— Dites-le-moi...

— Vous le voulez ?...

— J'y tiens beaucoup...

Ici, Tircis résolut d'ajouter par une pantomime chaleureuse à l'effet de son éloquence.

Il saisit entre les siennes la blanche main de la vicomtesse et il dit :

— A cette main charmante, à ces doigts effilés, il faut des bagues précieuses, des diamants, des émeraudes, des rubis, des saphirs...

— Et on en mettra ?

— Des monceaux !...

— Toujours vous ?

— Moi, toujours !...

Tircis abandonna la main de son interlocutrice, il lui prit doucement la taille, et il continua :

— A cette taille élégante, à ces gracieuses épaules, il faut de riches velours, des tissus d'or et des satins brochés...

La vicomtesse se mit à sourire du bout de ses lèvres roses, et elle demanda, avec une coquetterie de plus en plus provoquante et qui remuait violemment l'artiste :

— Et vous en mettrez aussi ?

— Autant d'aunes qu'il vous plaira...

— Vous me trouvez donc jolie ?

— Jolie !... s'écria Tircis, ah ! quel mot insignifiant !... quelle expression sans couleur !... je vous trouve beaucoup plus belle que la rose la plus fraîche, que le lis le plus majestueux !

— Ah !... monsieur... balbutia la vicomtesse avec une fausse modestie et un embarras admirablement bien joué.

— Oui, reprit Tircis avec un redoublement de verve et d'enthousiasme, vous êtes beaucoup plus belle que tout ce qu'il y a au monde de plus beau !... Vous voir et vous adorer doit être l'affaire d'un instant pour quiconque possède un cœur tendre et des yeux clairvoyants !... Je vous ai vue, je vous adore. Vos joues sont des roses, mes lèvres sont des papillons ; ils ont soif du parfum des fleurs, ils volent, ils sont au but...

Puis, tout en madrigalant ainsi, Tircis prit de nouveau la vicomtesse par la taille, et, tandis qu'il achevait sa tirade flamboyante, il l'embrassa sur le cou...

Madame de Lucy se dégagea vivement.

— Mais, monsieur le marquis, s'écria-t-elle, vous êtes fou !...

— C'est votre avis ?

— Dix fois plutôt qu'une.

— C'est aussi le mien, mais j'ai une excuse.

— Laquelle ?

— Celle-ci : Près de tant de charmes, qui conserverait sa raison ?

— Et vous en aviez si peu à perdre.

— Qu'il ne vous a pas été difficile de me l'enlever.

— C'est justement ce que j'allais dire.

— Méchante !

— Enfin, n'importe, je vous aime.

— Savez-vous que c'est mal de me dire pareilles choses ? reprit la vicomtesse en minaudant.

— Mal ? répéta Tircis, pourquoi donc ?

— Songez-y, monsieur le marquis, je ne suis qu'une pauvre paysanne sans esprit, sans instruction, sans expérience... Personne, jusqu'à cette heure, ne m'a appris à me défier du séduisant langage des beaux gentilshommes comme vous, et cependant il me semble que je le devine ; si je vous écoutais, je serais perdue.

— Perdue !... et pourquoi ?

— Parce qu'au village, on parle pour montrer ce qu'on pense, et parce que, chez vous, c'est pour le cacher.

— Par Jupiter ! adorable sirène, murmura Tircis, il est piquant de vous entendre faire l'éloge de la sincérité !

— Qu'y a-t-il donc là de si étonnant ?

— C'est qu'en fait de dissimulation, votre sexe en remontrerait au nôtre.

— Vous pensez cela, monsieur le marquis ?

— Oui, je le pense. J'ai toujours comparé le cœur des femmes aux maisons espagnoles, qui ont beaucoup de portes et peu de fenêtres : il est plus facile d'y pénétrer que d'y voir clair.

— Quelle triste opinion vous avez des femmes ! s'écria la vicomtesse.

— La faute n'en est pas à moi.

— Et à qui donc ?

— Aux femmes que j'ai rencontrées.

— Vous avez eu la main malheureuse?
— Jusqu'ici, sans doute ; mais...
— Mais quoi?
— Il ne tient qu'à vous que cela change.
— A moi?
— Oui, et je le prouve.
— Comment?
— En tombant à vos pieds...

Et il ajouta, en se jetant aux genoux de madame de Lucy :
— En vous suppliant d'accepter mon cœur et ma main.
— Oh! l'indigne! murmura la vicomtesse en elle-même.

Puis elle reprit à haute voix :
— Vous m'épouseriez, vous?
— Je vous épouserais, moi.
— Bien sûr?
— Très-sûr!
— Et quand?
— Tout de suite... le plus tôt sera le mieux!...
— Vous l'affirmez?
— Je l'affirme.
— Vous en donnez votre parole?...
— Oui, trois fois oui !...
— Votre parole de gentilhomme?...
— Ma parole de gentilhomme!
— De marquis?
— De marquis.

Madame de Lucy ne parvenait à contenir qu'à grand'peine la violente irritation nerveuse qui débordait en elle.

Son petit pied frappait la terre d'un mouvement brusque et réitéré.

Ses jolis doigts crispés froissaient son mouchoir d'une façon à le déchirer.

Enfin elle prit une pose hautaine et impérieuse, et elle s'écria avec un dédain mal dissimulé :
— Décidément, monsieur, vous me prenez pour une autre!...
— Non, riposta carrément Tircis, c'est pour moi que je vous prends...
— Ah! par exemple, c'est trop fort!...
— Vous acceptez...
— Mais, du tout!
— Et je prends des arrhes...

Tout en parlant ainsi, Tircis, dont la tête se montait de plus en plus, s'efforça d'embrasser de nouveau la vicomtesse.

Mais, cette fois, il fut repoussé avec perte.

— Voici ma réponse! s'écria madame de Lucy en lui donnant un soufflet bien appliqué.

— Aïe! fit l'artiste en portant vivement sa main à sa joue endolorie.

Et malgré cette défaite, peut-être s'apprêtait-il à recommencer l'escarmouche.

Mais la vicomtesse ne lui en laissa pas le temps.

— Adieu, monsieur le marquis, dit-elle, me voilà désormais fixée sur votre compte.

Et elle se dirigea vers la porte.

— Que diable! s'écria Tircis, qui voulut s'élancer pour la suivre.

Mais elle l'arrêta d'un geste de reine.

— Ne me suivez pas, dit-elle, ou j'appelle au secours !

Et elle disparut par une porte latérale.

— Tétebleue!... maugréa d'un ton furibond le pauvre Tircis resté seul, en se laissant tomber sur une chaise.

## CHAPITRE XVIII.

### L'exempt.

En ce moment, un nouveau personnage fit son apparition dans la grande salle où se trouvaient déjà Tircis et le marquis.

Ce personnage était un homme de mine assez médiocre, mais de physionomie caractéristique.

Sa figure, taillée en lame de couteau, et ses petits yeux clignotants exprimaient tout à la fois la ruse et une sorte de gravité de commande.

Il portait un habit de velours noir sur une veste de satin de la même couleur.

Sa culotte et ses bras de soie étaient également noirs.

Son chapeau-lampion s'enfonçait carrément sur sa perruque poudrée à frimas.

Il marchait lentement et d'une façon solennelle, en s'appuyant sur une haute canne d'ébène à pommeau d'argent ciselé.

Au moment où ce nouveau venu ouvrait la porte, un soldat du guet, facile à reconnaître à son uniforme, s'installa derrière cette porte et sembla commencer une faction.

L'homme noir fit quatre ou cinq pas en avant.

Il s'arrêta.

Il salua à droite et à gauche.

Puis, enfin, il demanda d'une voix solennelle comme son costume et comme son allure :
— M. le marquis de Fontenailles?
— Le voilà, répondit le marquis véritable en désignant Tircis, qui, toujours assis sur sa chaise, s'absorbait dans une profonde rêverie.

L'homme noir s'approcha de l'artiste.

Il s'inclina de nouveau devant lui, et il reprit, en lui touchant légèrement l'épaule :

— C'est bien vous, monsieur, qui êtes le marquis Raoul de Fontenailles?
— Hein! quoi?... qu'est-ce que vous voulez?... fit Tircis en relevant brusquement la tête.

L'homme noir répéta la question.

— Ah! bon! s'écria Tircis, vous voilà comme les autres!... Eh bien, ma foi, tant pis! j'aime mieux céder que de discuter. Vous voulez un marquis, je le suis...

— Fort bien, je prends acte, monsieur.
— Ah!... vous prenez acte!... rien de mieux!... et ensuite?...
— Ensuite, monsieur, je vous arrête.
— Hein?
— Au nom du roi.
— Vous dites?...
— Je dis, monsieur, que je vous arrête au nom du roi.
— Moi?
— Vous-même.
— Vous m'arrêtez?...
— Mon Dieu, oui.
— Et pourquoi faire?...

— Mais, d'abord, pour vous conduire à un fort beau carrosse attelé de quatre fort bons chevaux, et muni, à chacune de ses portières, d'une serrure de sûreté fort admirable.

— Diable! Et où est-il, ce carrosse?

— A la porte. Il nous attend.

— Il nous attend!... grand Dieu!... et pour nous mener où?

— Provisoirement, à la Bastille.

— A la Bas...

— Tille... acheva l'homme noir.

— Plaisantez-vous?...

— Je ne plaisante jamais... surtout quand il s'agit de la Bastille.

Et, tout en prononçant ce nom, l'homme noir salua.

— Mais, s'écria Tircis avec une véhémence bien naturelle, vertuchoux !... je n'y veux pas aller !...

— Vous ne voulez pas?...

— Non !... non! cent fois non !...

— Malheureusement, monsieur le marquis, il ne s'agit pas de ce que vous voulez... Il s'agit d'obéir...

— Obéir... à qui ?...

— Au roi, monsieur, répliqua l'homme noir en saluant de nouveau.

— Le roi s'occupe de moi?

— A ce qu'il paraît.

— Ah çà, mais qui êtes-vous, vous?

— Un exempt de Sa Majesté.

— Et vous venez pour m'arrêter?

— Je crois avoir eu l'honneur de vous le répéter plusieurs fois...

— Je ne sais si vous avez eu l'honneur, mais je sais qu'il y a erreur!

— Pas la moindre, l'ordre est formel...

— Quel ordre?

— Celui dont je suis porteur...

— Faites-le-moi voir.

— Je ne sais si je dois...

— Allons, allons, soyez bon enfant, montrez-moi l'ordre...

— Je vous cède, monsieur le marquis, répondit l'exempt en présentant à Tircis une feuille de parchemin pliée en quatre, j'espère que vous ne me ferez pas repentir de ma condescendance...

L'artiste saisit le parchemin et le déploya avec empressement.

Il en parcourait du regard les premières lignes, quand Suzette entra dans la salle commune.

La vue de l'exempt l'étonna d'abord.

Puis elle regarda la porte d'entrée, elle aperçut le soldat du guet, et sa surprise redoubla.

Elle s'approcha de M. de Fontenailles et lui demanda tout bas :

— Mon Dieu, que se passe-t-il donc ?

— Ce n'est rien, répondit M. de Fontenailles du même ton, c'est M. le marquis qu'on arrête...

— Bah !... s'écria la jeune fille, comment, on l'arrête, on l'arrête, ce pauvre jeune homme !

Puis, au bout d'une minute de réflexion, elle ajouta :

— Ma foi ! tant pis !... c'est bien fait !.. ça lui apprendra à se déguiser, à me faire la cour et à vouloir en embrasser d'autres! Tout bien considéré, il n'a que ce qu'il mérite !...

Cependant, Tircis avait déchiffré une partie de la lettre de cachet, tandis que s'échangeaient entre Suzette et le marquis les paroles que nous venons de rapporter.

Il regarda l'exempt bien en face et lui dit :

— Ah çà, mon cher monsieur, voyons, tâchons de nous entendre un peu, s'il vous plaît...

— Très-volontiers... répondit l'exempt, entendons-nous, je ne demande que ça; au moins, si nous nous entendons, vous me suivrez de bonne grâce, et j'aurai en vous un agréable compagnon de voyage... Qu'avez-vous à me dire ?

Tircis désigna le parchemin qu'il tenait encore.

— J'ai à vous dire, fit-il, que cet ordre regarde le marquis Raoul de Fontenailles...

— Eh bien ? demanda l'exempt.

— Eh bien! laissez-moi tranquille, je ne suis pas le marquis de Fontenailles.

L'exempt se mit à rire.

— Il se renie comme un Judas ! s'écria Suzette. N'en croyez rien, monsieur l'exempt !...

Ce dernier hocha la tête d'une façon significative et qui voulait dire clairement :

— Soyez tranquille, mademoiselle, je n'en crois pas un mot !

Puis, tout haut, il ajouta en s'adressant à Tircis :

— Poursuivez...

— Eh ! murmura l'artiste, poursuivez qui vous voudrez, mais pas moi.

— Poursuivez, reprit l'exempt en désignant du doigt la lettre de cachet.

Tircis regarda d'un œil farouche ce petit homme maigre, vêtu de noir, et il se dit à lui-même :

— Sur mon honneur, voici un bonhomme que j'assommerais avec plaisir.

Ensuite, après avoir de nouveau parcouru quelques lignes, il ajouta :

— J'ai été surpris, à ce qu'il paraît, à une heure très-nocturne, dans le boudoir de madame de Canillac, dont le mari est en faveur! Bon !... bien !... la farce est bonne !.., rions-en !

Il se mit à rire; puis, après une pause, il demanda d'un ton très-sérieux :

— Où prenez-vous la Canillac ?

— La Canillac !... murmura Suzette, allons !... encore une de ses victimes.

— Ne plaisantez pas, monsieur, s'écria l'exempt, le cas est très-grave, cela peut valoir...

— Ah ! oui... interrompit Tircis, qu'est-ce que cela peut bien valoir ?...

— Sans surfaire,... ajouta Suzette.

— Mais, répliqua l'exempt, cinq ou six années de Bastille...

— Ah ! fit Suzette, c'est pour rien...

La figure de Tircis se rembrunissait de plus en plus.

L'exempt reprit :

— Et encore, s'il n'y avait que ce chef d'accusation...

— Quoi !... balbutia Tircis, il y en a d'autres ?

— Vous n'avez donc pas lu jusqu'au bout ?

— Ma foi, non.

— Tant pis ! vous auriez vu qu'il ne s'agit de rien moins que d'un cas de haute trahison...

— Miséricorde ! cria de toutes ses forces Tircis exaspéré. Mais, encore une fois, je ne suis pas le marquis de Fontenailles...

— A d'autres! fit l'exempt avec son sourire railleur.
— Comment, à d'autres?... Savez-vous que j'en perdrai la tête?
— C'est possible, c'est très-possible! si le roi se montre sévère... Haute trahison!... dame!... c'est grave!...
— Plaît-il? balbutia l'artiste, qui n'en croyait pas ses oreilles.
— Mais, appuya l'exempt, vous pouvez avoir la tête tranchée.
— Hein?... j'ai mal entendu!... la tête tranchée...
— Oh! murmura Suzette, comme ça le défigurerait!... un si bel homme!...

Les idées de Tircis commençaient à se troubler et le sang lui montait au visage.

Il se trouvait dans cette situation d'esprit où l'homme, ballotté par des circonstances étranges et incompréhensibles, ne sait plus s'il veille ou s'il rêve, s'il est fou ou s'il jouit encore de quelques parcelles de sa raison vacillante.

## CHAPITRE XIX.

### Haute trahison...

L'exempt, en reprenant le premier la parole, arracha Tircis à cette sorte d'hallucination.
— Monsieur le marquis, dit-il, permettez-moi de vous faire observer que je vous attends et que, quand il vous plaira...
— Vous dites?... balbutia l'artiste.
— Je dis : *quand il vous plaira...*
— Eh bien! il ne me plaira jamais. Voilà.
— Ne plaisantons plus, monsieur, et au nom du roi, suivez-moi...
— Allez vous promener!... je refuse!
— Songez que vous devez respecter le nom que vous portez...
— Mon nom de Tircis!... allons donc! il est joli, mais je le méprise!...
— Conduisez-vous en gentilhomme!...
— Je ne le suis pas!
— Ne me forcez point à faire une esclandre.
— Faites tout ce que vous voudrez, je m'en fiche!...
— Ne me contraignez point à appeler mon escorte...
— Vertudieu!... hurla Tircis, savez-vous bien que décidément vous m'exaspérez! Il va se passer ici quelque chose de terrible!... Je médite un mauvais coup!...
— Pour la dernière fois, monsieur le marquis...
— Pour la centième fois, je vous répète que je suis manant, bien manant, très-manant!... Appelez-moi donc Tircis, ou je ne réponds plus!
— Est-ce que ce serait vrai, pourtant?... se demanda Suzette un peu ébranlée par les dénégations réitérées de son volage adorateur.
— Eh bien! fit l'exempt, puisque vous m'y contraignez, il faut que j'aie recours aux grands moyens...

— Qu'est-ce que c'est que ça, les grands moyens?... demanda l'artiste dont la pâleur augmentait de minute en minute.
— Ils sont bien simples. Je vais vous faire porter en carrosse, pieds et poings liés, par mes gens.
— Pieds et poings liés!... répéta Tircis. Ah! bon Dieu! bon Dieu! bon Dieu!...

Et le malheureux Tircis, complètement désespéré et démoralisé, appuya ses deux mains sur ses yeux, à la façon des enfants que l'on punit, et se mit à sangloter.
— Quelle petitesse! s'écria M. de Fontenailles qui assistait à toute cette scène en riant sous cape, un marquis pleurer ainsi!...
— Ah! fi donc! appuya Suzette de l'air du dédain le plus comique.
— Qu'est-ce que c'est? qu'est-ce que c'est?... demanda d'une voix quasi indistincte le père Bazu, complètement ivre, qui entra dans la salle commune en chancelant sur ses jambes avinées et en roulant sur lui-même comme un tonneau... Que veut-on à notre bien-aimé marquis? Qui est-ce qui lui fait du chagrin? Il aura affaire à moi, celui-là! Je lui réserve un chien de ma chienne.

M. de Fontenailles interrompit Bazu.
— Croyez-moi, mon hôte, lui dit-il, ne prenez pas le parti de monsieur.
— Pourquoi ça? pourquoi ça? est-ce qu'il ne m'a pas donné quittance?
— Lui?... Allons donc!... Il refuse de signer.
— Comment! comment! bredouilla Bazu, il refuse?
— Positivement.
— Ah! ça n'est pas joli!
— Il refuse de me suivre à la Bastille... ajouta l'exempt.
— Ah! répliqua Bazu, c'est mesquin!
— Il envoie promener l'autorité du roi.
— Ah! c'est vilain! Oh! marquis! marquis de mon cœur, je n'aurais jamais cru cela de toi... Oh! mais, là, non, parole d'honneur!
— Allez tous au diable! vociféra Tircis.

L'exempt siffla d'une façon particulière.
Quatre soldats du guet entrèrent aussitôt.
L'exempt leur désigna l'artiste.
— Empoignez monsieur, leur dit-il.

Les quatre soldats se rapprochèrent de leur prisonnier.
En ce moment Baliveau entra.
Il avait l'air mystérieux et diplomatique d'un porteur de nouvelles intéressantes et secrètes.
— Une lettre, fit-il, une lettre.
— De qui? demanda vivement le véritable marquis.
— De Mme la vicomtesse de Lucy, répondit Baliveau.
— Pour qui?
— Pour monseigneur le marquis de Fontenailles.
— Ah! ah! fit Raoul intérieurement, une lettre d'elle, adressée à lui!... que peut-elle lui dire?

Baliveau s'approcha de Tircis et lui tendit l'enveloppe en disant :
— Monseigneur, voilà la chose...

L'artiste repoussa le message avec une brusquerie facile à comprendre.
— Ce n'est point pour moi! s'écria-t-il, je n'en veux pas!...
— Oh! fit alors M. de Fontenailles, y songez-vous!... refuser ainsi la lettre d'une femme qui vous a si bien traité!...

— Oui!... parlons-en!... répliqua Tircis, j'ai assez de ses faveurs!...

— Peste!... je le crois bien!... se dit Suzette en riant.

— Une fois, deux fois, trois fois, fit M. de Fontenailles, vous ne voulez pas de cette lettre?...

— Non! trois fois non!...

— Il faut pourtant savoir ce que M$^{me}$ la vicomtesse vous écrit...

Et il ajouta, en prenant la lettre des mains de Baliveau :
— Donnez, mon garçon...

Puis, sans se gêner le moins du monde, il brisa le cachet et commença sa lecture.

— Eh bien!... eh bien!... s'écria Suzette, par exemple, on peut dire qu'il est sans façon... le clerc de procureur!...

M. de Fontenailles entendit.

— Puisqu'il ne veut pas lire, répondit-il en souriant, il faut bien que je lise.

Et quoiqu'il ne prononçât qu'à demi-voix, chacun put entendre les phrases suivantes, dont se composait le billet de la vicomtesse :

« Pendant que vous vous déguisiez, monsieur le marquis, pour observer incognito la femme qu'on vous destinait, cette femme était près de vous sous le costume d'une pauvre petite servante d'auberge, et ses observations précédaient les vôtres.

« Le soufflet que vous avez reçu, monsieur le marquis, et qui a châtié d'une façon beaucoup trop douce votre présomptueuse impertinence, suffira sans doute pour vous faire comprendre et apprécier les sentiments qu'ont inspirés à cette femme votre conduite, vos manières et votre langage... »

— Fichtre!... murmura Tircis, elle est difficile!...

Le marquis reprit sa lecture.

« Je souhaite bien vivement, continua-t-il, que cette grossière et impudente coquetterie dont vous avez fait preuve ne soit chez vous qu'un déguisement, comme l'était votre premier costume. Je le souhaite, dis-je, mais je ne l'espère pas.

« Ai-je besoin d'ajouter que vous devez renoncer d'une façon absolue et irrévocable à des projets qui ne nous rendraient heureux ni l'un ni l'autre, et qu'il est désormais convenable d'oublier.

« Vous aimez beaucoup trop les servantes d'auberge, monsieur le marquis, pour que la vicomtesse de Lucy vous ouvre son château.

« Elle ne saurait donc trop vous engager à ne pas vous y présenter. »

— Oh! la bégueule!... s'écria l'artiste, dont l'amour-propre se révolta soudain.

— Ah çà, mais, pensait M. de Fontenailles, voici une lettre qui me paraît changer absolument la thèse!...

Et il se tourna du côté de Tircis en fronçant le sourcil.

(Qu'on nous permette ici d'ouvrir, entre parenthèses, une digression de très-peu de lignes.)

La plupart de nos lecteurs ont vu représenter, ou tout au moins ont lu quelqu'un des drames de Victor Hugo.

Ils se souviennent alors qu'à un moment donné, passe au fond du théâtre et de la situation un personnage sombre, étrange, mystérieux, fatal, qui ne dit rien ou ne prononce que deux ou trois mots, mais qui corse l'intrigue par sa seule présence.

Un personnage de ce genre, moins le côté dramatique de la situation, bien entendu, traverse en ce moment notre récit.

Tandis que M. de Fontenailles se tournait vers Tircis, ainsi que nous venons de le dire un peu plus haut, la porte du fond s'était ouverte doucement, et une femme jeune (on le devinait à sa démarche), jolie (un indéfinissable *je ne sais quoi* décelait sa beauté), apparut, enveloppée dans une grande mante grise dont le capuchon était rabattu sur sa tête. Un demi-masque de velours noir cachait entièrement son visage.

Cette femme marchait sur la pointe du pied et semblait vouloir sortir de la grande salle sans avoir attiré l'attention.

Tous nos lecteurs, sans aucun doute, ont reconnu la vicomtesse de Lucy, qui avait échangé les vêtements de sa sœur de lait contre le costume qu'elle portait en arrivant.

Déjà la vicomtesse avait parcouru les deux tiers du chemin qui la séparait de la porte de sortie.

Elle allait atteindre cette porte sans que personne se fût aperçu de sa présence.

Mais un incident imprévu, et auquel nous allons initier nos lecteurs, la contraignit soudain de s'arrêter.

Ceci posé, reprenons les choses à l'endroit où nous venons de les laisser il n'y a qu'un instant.

## CHAPITRE XX.

### Et voilà comme tout s'arrange!...

— Comment, monsieur, s'écria le marquis de Fontenailles en s'adressant à Tircis, vous n'avez pas craint de vous targuer lâchement d'une bonne fortune imaginaire! vous n'avez pas craint de calomnier une femme!...

— Une femme... répliqua vivement l'artiste, et laquelle?...

— Laquelle? eh! pardieu!... la vicomtesse de Lucy...

La vicomtesse entendit prononcer son nom et s'avança vivement en murmurant :

— Qu'a-t-il osé dire?

M. de Fontenailles aperçut la jeune femme.

— C'est elle!... pensa-t-il, elle était là, elle écoutait!...

— Par Jupiter! répliqua Tircis à la dernière accusation du marquis, vous nous la baillez belle, monsieur le clerc de la basoche!... je n'ai calomnié personne...

— Quoi! vous soutenez?

— Je soutiens tout.

— Quelle impudence!...

— Et, poursuivit l'artiste, s'il y a ici un calomniateur, c'est vous, et non pas moi...

— Monsieur!... balbutia le marquis, pâle de colère et en faisant un geste de menace. — Monsieur!... répéta-t-il à deux reprises différentes.

Tircis lui coupa la parole.

— Doucement... fit-il : pour l'amour de Dieu, ne nous fâchons pas et expliquons-nous d'abord! Ensuite nous nous assommerons si vous voulez.

— Une explication?... laquelle?...

— Celle-ci : Ne m'avez-vous pas demandé si Mme la vicomtesse de Lucy m'avait accordé quelque chose?...

— Oui, sans doute.

— Eh bien?

— Eh bien, quoi?

— Que vous-ai-je répondu?

— Vous avez l'impudeur de le rappeler !

— Mais je le crois bien que j'ai cette impudeur !... je vous ai répondu que Mme la vicomtesse *m'avait accordé beaucoup plus que je ne désirais.* Ai-je menti? Vous figurez-vous, par hasard, que je désirais un soufflet?...

La vicomtesse ne put retenir un frais éclat de rire.

Tircis se retourna et la vit.

— Oh! oh!... vous êtes là, fit-il, car c'est bien vous, madame, et malgré ce loup de velours et ce nouveau costume, je vous reconnais à vos yeux, à votre menton à fossette, et surtout à votre jolie main, que j'ai vue de très-près, comme vous savez... Eh bien! madame, le soufflet donné par cette mignonne menotte, c'est bien moi qui l'ai reçu ; mais le congé s'adresse au marquis de Fontenailles, et cela ne me regarde pas...

— Que voulez-vous dire? s'écria la vicomtesse.

— Je veux dire tout simplement ce que je me tue de répéter depuis ce matin, sans que personne veuille l'écouter et le comprendre : *Je ne suis pas le marquis de Fontenailles !...*

— Est-ce possible?

— Je ne sais pas si c'est possible, mais je sais bien que cela est.

— Dois-je vous croire?

— Dame ! il le faut bien, puisque je le dis la vérité.

— Ainsi, décidément, vous n'êtes point marquis?

— Décidément je suis Tircis.

— J'aime autant cela.

— Oh ! et moi aussi...

Depuis un instant Bazu se grattait la tête d'un air profondément intrigué.

Enfin il parut comprendre et il murmura :

— Ah çà! et mon déjeuner?

— Il était excellent, père Bazu, excellent, parole d'honneur !... et j'en conserverai un doux souvenir...

— Mais qui le payera?

— Je ne suis point renseigné à cet égard.

— Et la quittance de mes loyers?

— La voilà, dit inopinément M. de Fontenailles, en présentant au brave aubergiste un papier sur lequel il venait d'écrire quelques lignes.

— Signée !... s'écria Bazu après avoir examiné le papier.

— Mais sans doute.

— Par vous !...

— Mon Dieu, oui, de mon nom, de mon titre, et avec paraphe !...

L'étonnement, disons mieux, la stupéfaction furent extrêmes.

— Quoi ! s'écria Suzette, c'était là monseigneur !

— Lui-même, répliqua le marquis, tout prêt à vous servir, ma belle enfant, ajouta-t-il avec un sourire.

— J'étais sa dupe ! murmura la vicomtesse.

— Non, madame, répondit galamment M. de Fontenailles, mais je n'étais pas la vôtre.

— C'est fort bien, dit alors Tircis, tout s'explique, tout se débrouille, tout se dénoue, mais je n'en suis pas moins prisonnier, moi, que diable !... Et c'est fort désagréable !...

Un éclat de rire général accueillit ces paroles.

Tircis poursuivit :

— Je vous ai rendu votre nom et votre titre, monsieur le marquis, ils sont dangereux par le temps qui court... Reprenez en même temps les cinq ou six ans de Bastille dont il était question tout à l'heure.

— Vous y tenez? demanda le marquis.

— Si j'y tiens? ventre de biche, essentiellement.

— Eh bien, soit, va pour la Bastille.

— A la bonne heure... Vous entendez, monsieur l'exempt. fit Tircis d'un ton joyeux en se tournant vers l'homme noir.

Mais il ajouta aussitôt :

— Tiens... il rit. . Un exempt qui rit... cela ne s'était jamais vu...

— Ah ! répondit M. de Fontenailles, un exempt de ma façon ne peut pas être bien sérieux.

Ce mot expliquait tout.

Tircis le comprit à merveille.

— Allons, dit-il, c'était encore une mystification.

— Que vous me pardonnerez, je l'espère.

— Oh ! de tout mon cœur.

— Oserais-je espérer que madame de Lucy me témoignera la même indulgence? demanda le marquis d'une voix humble et presque suppliante.

La vicomtesse ne répondit qu'en lui tendant la main.

Le marquis prit cette main et la serra contre ses lèvres à deux ou trois reprises avec un respect passionné.

On voit que, somme toute, l'épreuve avait réussi, que les deux fiancés étaient enchantés l'un de l'autre, et que le jour du mariage ne tarderait guère à être fixé.

Suzette s'approcha de M. de Fontenailles d'un air de câlinerie charmante, et murmura près de son oreille, de sa voix la plus douce, en le caressant du regard :

— Dites donc, monseigneur, pendant que vous êtes si bien en train de tout arranger...

— Eh bien, mon enfant?

— Eh bien, monseigneur, est-ce que vous ne pourriez pas me faire épouser un peu ce pauvre Baliveau?...

Ici, Baliveau arriva de l'autre côté du marquis, de l'air d'un chat qui se frotte aux jambes de son maître.

— Oh ! oui, monseigneur, dit-il, oh ! oui, oh ! oui, est-ce que vous ne pourriez pas?... Rien qu'un peu?... D'abord, vous me l'aviez promis, quand j'avais la corde au cou...

— Eh! si fait, pardieu, mon garçon !... Je t'ai dépendu il y a un an, et je te dote aujourd'hui... c'est justice.

— Vive monseigneur !... cria Baliveau avec enthousiasme.

Le marquis se tourna vers Tircis :

— Mon cher artiste, lui dit-il, ne consentirez-vous point à peindre pour moi les panneaux de deux galeries au château de Fontenailles?... Je me propose de consacrer une somme de cinq cents louis à payer ces travaux d'art...

— Pourrai-je peindre des Vénus sortant de l'onde? demanda Tircis.

— Oui, certes.

— Des Suzanne au bain?

— Aussi.

— Des Diane et Actéon?

— Egalement.

— Jupiter et Léda ne seront point proscrits?

— Non, pardieu!...

— Enfin, j'aurai le champ libre pour les mythologies les plus anacréontiques?...

— Je vous donnerai carte blanche.

— Alors monsieur le marquis, c'est convenu, je travaillerai aux galeries de votre château.

Puis Tircis ajouta, en se tournant vers l'aubergiste :

— Quant à vous, père Bazu, je vous promets pour votre auberge une magnifique enseigne qui perpétuera jusqu'aux âges les plus lointains le souvenir de cette folle matinée.

— Merci, monsieur Tircis, répondit Bazu en secouant la tête, le Soleil d'or est une bonne enseigne, et je la garderai, voyez-vous, jusqu'à la fin de mes jours, s'il plaît à Dieu et à monseigneur...

— Eh bien! je vous peindrai un soleil...

— Un soleil d'or?

— Oui.

— Ça me va...

— Et je vous conseille, père Bazu, de planter une vigne au-dessous...

— Pourquoi donc?

— Parce que les rayons de mon soleil seront tellement éblouissants que les raisins de votre vigne mûriront, même en hiver!

Chacun se mit à rire de cette gasconnade.

Puis le marquis et la vicomtesse montèrent dans le carrosse qui devait conduire Tircis à la Bastille, et les deux fiancés gagnèrent joyeusement le château de Lucy.

Un mois après, ils étaient mariés.

Ils furent très-heureux et ils eurent beaucoup d'enfants.

Ainsi finissent les contes de Perrault et notre *Aventure galante*.

FIN.

Paris. — Typographie Walder, rue Bonaparte, 44.

# BIBLIOTHÈQUE DES ROMANS

Sous le titre général de BIBLIOTHÈQUE DES ROMANS, il paraît une intéressante collection d'OEuvres littéraires dues à la plume des meilleurs romanciers. Cette nouvelle Bibliothèque, — dont chaque brochure séparée est illustrée d'une ou plusieurs jolies gravures dessinées par des artistes en renom, — est imprimée avec un soin particulier. Chaque partie ou volume, du prix uniforme de 50 CENTIMES, contient la matière de trois ou quatre volumes ordinaires dont la location seule, au cabinet de lecture, coûterait un prix plus élevé. En un mot, c'est le *nec plus ultra* du bon marché et en même temps ce qui a été édité de mieux dans ce genre.

### EN VENTE :

| | |
|---|---|
| LES SOUPERS DU DIRECTOIRE, par JULES DE SAINT-FÉLIX, | 50 c. |
| BERTHE L'AMOUREUSE, par HENRY DE KOCK, | 50 |
| LE CONSEILLER D'ÉTAT, par FRÉDÉRIC SOULIÉ, | 50 |
| LE COMTE DE TOULOUSE, par FRÉDÉRIC SOULIÉ, | 50 |
| LES CHASSEURS DE CHEVELURES, par MAYNE-REID, | 50 |
| LES FILLES PAUVRES, par ADRIEN PAUL, | |
| — 1re série, *Nicette*, | 50 |
| — 2e série, *Thérésa*, | 50 |
| LES QUATRE SŒURS, par FRÉDÉRIC SOULIÉ, | 50 |
| HUIT JOURS AU CHATEAU, par FRÉDÉRIC SOULIÉ, | 50 |
| LE POETE DE LA REINE, par CLÉMENCE ROBERT, | 50 |
| LE CARNAVAL A PARIS, par MÉRY, | 50 |
| LE CHATEAU DES SPECTRES, par XAVIER DE MONTÉPIN, | 50 |
| LES TROIS FILLES D'HOLYPHERNE, par KAUFMANN, | |
| — 1re série, | 50 |
| — 2e série, | 50 |
| UNE AVENTURE GALANTE, par XAVIER DE MONTÉPIN, | 50 |

### SOUS PRESSE :

| | |
|---|---|
| UN MYSTÈRE DE FAMILLE, par XAVIER DE MONTÉPIN, | |
| — 1re série, | 50 c. |
| — 2e série, | 50 |
| L'ENFANT DU PARVIS NOTRE-DAME, par AUGUSTE RICARD, | 50 |
| PIAZZETTA LA CHEVRIÈRE, par MAXIMILIEN PERRIN, | 50 |
| LA SYRÈNE DE PARIS, par ALPHONSE BROT, | 50 |
| LA PLACE DES TERREAUX, par ALPHONSE BROT, | 50 |
| UN ROUÉ, par XAVIER DE MONTÉPIN, | |
| — 1re série, | 50 |
| — 2e série, | 50 |
| LA STATUE DE LA VIERGE, par AUGUSTE RICARD, | 50 |
| LE CHEVALIER DE FLOUSTIGNAC, par ADRIEN PAUL, 2 parties de | 50 |
| LES CHEVALIERS DU POIGNARD, par XAVIER DE MONTÉPIN, 2 parties de | 50 |
| BLANCHE DE MORTIMER, par ADRIEN PAUL, 2 parties de | 50 |
| L'IRRÉSISTIBLE, par XAVIER DE MONTÉPIN, | 50 |

# NOUVEAUTÉS A 20 CENTIMES LA LIVRAISON.

| | |
|---|---|
| **Les Royales amours**, par MAURAGE. | » 70 |
| **La Rose d'Ivry**, par OCTAVE FÉRÉ. | » 50 |
| **Les Mystères de la Saint-Barthélemy**, par EUGÈNE MORET. | 1 30 |
| **Les Vêpres milanaises**, par CHARLES DESLYS. | 1 10 |
| **La Giralda de Séville**, par ALBERT BLANQUET. | » 70 |
| **La Cour des Miracles**, par OCTAVE FÉRÉ. | 1 90 |
| **Le Paradis des Femmes**, par PAUL FÉVAL. | 2 70 |
| **Miss Mary ou l'Institutrice**, par EUGÈNE SUE. | » 90 |
| **Le Roi d'Italie**, par ALBERT BLANQUET. | 1 50 |
| **Paul et son Chien**, par CH. PAUL DE KOCK. | 1 80 |

www.ingramcontent.com/pod-product-compliance
Lightning Source LLC
LaVergne TN
LVHW022203080426
835511LV00008B/1550